大数据信息时代企业
财务风险管理与内部控制研究

刘艳萍　著

吉林科学技术出版社

图书在版编目（CIP）数据

大数据信息时代企业财务风险管理与内部控制研究 /
刘艳萍著 . -- 长春：吉林科学技术出版社，2019.10
　　ISBN 978-7-5578-6213-8

Ⅰ．①大… Ⅱ．①刘… Ⅲ．①企业管理—财务管理—风险
管理—研究②企业内部管理—研究 Ⅳ．①F275②F272.3

中国版本图书馆 CIP 数据核字（2019）第 233133 号

大数据信息时代企业财务风险管理与内部控制研究

著　　者	刘艳萍
出 版 人	李　梁
责任编辑	端金香
封面设计	刘　华
制　　版	王　朋
开　　本	185mm×260mm
字　　数	230 千字
印　　张	10
版　　次	2019 年 10 月第 1 版
印　　次	2019 年 10 月第 1 次印刷
出　　版	吉林科学技术出版社
发　　行	吉林科学技术出版社
地　　址	长春市福祉大路 5788 号出版集团 A 座
邮　　编	130118

发行部电话 / 传真　0431—81629529　　　81629530　　　81629531
　　　　　　　　　　　81629532　　　81629533　　　81629534

储运部电话　0431—86059116

编辑部电话　0431—81629517

网　　址	www.jlstp.net
印　　刷	北京宝莲鸿图科技有限公司
书　　号	ISBN 978-7-5578-6213-8
定　　价	49.00 元

前　言

    大数据是中国经济新常态下创新驱动的发动机和产业转型的助推器，带动了技术研发体系的创新、管理方式变革、商业模式创新和产业价值链体系重构，推动了跨领域、跨行业的数据融合和协同创新。如何挖掘蕴藏在数据背后的宝贵信息，从而让财务数据开口"说话"，为企业管理者经营决策提供科学依据，是当下很多企业面对财务大数据需要进行攻坚的难题。这是一个信息化的时代，云计算正如火如荼，大数据概念又横空出世。与云计算类似，大数据起于信息化，兴于移动互联网、物联网以及社交网络等。究其本质，大数据与其说是一门技术，还不如说是新环境之下海量数据价值发挥的一种方法，传统企业的财务管理就可利用这种方法，进一步发挥作用。

    当前的信息化时代，大数据及互联网、物联网等应用颠覆了人们的管理思维模式，推动企业经营模式及商业模式的快速变革，亦推动财务管理向数据化、融合化、智能化方向转型。新形势下，提升企业财务管理水平迫在眉睫。基于此，本书通过对企业财务风险管理、企业内部控制内涵的进行分析，主要内容包括企业财务管理概述、大数据时代概述、企业财务管理与大数据的关系、大数据时代对企业财务管理的影响、大数据信息时代下企业财务风险预警和管理，以及大数据信息时代下企业财务控制等。

    在本书的撰写过程中，参考借鉴了国内外学者的大量研究成果，在此对这些学者表示衷心的感谢。同时，由于时间及编者水平所限，本书难免存在不足之处，在本书出版之际我们真诚地希望读者对本书提出宝贵的意见和建议。

目 录

第一章　企业财务管理 1

  第一节　企业财务管理概述 1

  第二节　企业财务管理的目标 8

  第三节　企业财务管理价值观念 13

  第四节　企业财务管理的理论 14

第二章　大数据时代概述 29

  第一节　大数据的内涵 30

  第二节　国内外企业应对大数据的战略 33

  第三节　大数据在企业管理中的应用 35

  第四节　大数据给企业带来的机遇与挑战 37

第三章　企业财务管理与大数据的关系 42

  第一节　企业财务管理的现状 42

  第二节　大数据时代下的财务决策的新思维 48

  第三节　大数据引发的无边界融合式财务管理 50

  第四节　大数据背景下企业的财务决策框架 56

  第五节　大数据下的财务管理问题与对策 59

第四章　大数据时代对企业财务管理的影响 63

  第一节　大数据时代对企业竞争优势的影响 63

  第二节　大数据时代对企业财务决策的影响 69

  第三节　大数据时代对企业财务信息挖掘的影响 83

  第四节　大数据时代对企业财务管理精准性的影响 90

第五节　大数据时代对企业财务管理人员角色的影响 93

第五章　大数据信息时代下企业财务风险预警和管理 98

第一节　大数据时代下企业风险管理 98

第二节　管控收集数据中的风险 102

第三节　财务风险预警和管理的创新 106

第四节　大数据时代下企业全面风险管理体系的建立 109

第六章　大数据信息时代下企业财务控制 118

第一节　企业财务控制的影响因素分析 118

第二节　企业资本控制 127

第三节　企业信息资源控制 139

第四节　大数据时代企业财务内部控制 147

参考文献 152

第一章　企业财务管理

第一节　企业财务管理概述

一、企业财务管理的概念

财务管理是指依据财务法规和价值规律对企业资金运动所进行的一种管理，它是企业组织各种财务活动、处理各方面财务关系的一项管理工作，是企业管理的重要组成部分。

二、企业财务管理的内容

企业财务管理主要包括组织企业的财务活动和处理企业的财务关系两个方面的内容。

（一）财务活动

企业的财务活动是指资金的筹集、投放与营运及分配的一系列财务行为。它主要包括筹资活动、投资活动、资金营运活动、收益分配活动等内容。

1. 筹资活动

在市场经济条件下，任何经济实体从事生产经营活动都必须拥有一定数量的、能够自主支配和运用的资金。筹资活动正是为了满足企业生产经营和投资的需要，筹集所需资金的过程。筹资是企业资金运动的起点，是具体财务活动的初始环节。企业资金来源按性质划分有两种：一种是企业的权益资本或股本；另一种是企业的债务资金。企业的权益资本属于企业股东投入的永久性资金，在企业的存续期内不需要偿还。权益资本金可以通过吸收直接投资、发行股票等方式取得，表现为资金的流入。在企业经营期间，以税后利润支付的股息、红利为资金使用成本，表现为资金的流出。企业的债务资金属于债权人借给企业的资金，如通过银行借款、发行公司债券等形式取得的资金，企业负有按期归还本金和利息的法定责任。企业的债务资金借入时表现为资金的流入，归还本金和利息时表现为资金的流出。筹资阶段的财务目标是以较低的筹资成本和较小的筹资风险，筹集到较多的资金。

2.投资活动

企业筹集资金的目的是投入生产经营过程以获取投资收益，就是利用资金在再生产经营活动中增值，即利用资金来赚钱。投资活动就是企业将通过筹资活动取得的资金投放于生产经营活动以获取投资收益的过程。投资按其领域的不同，可分为对内投资和对外投资两种。对内投资是指企业将资金投放在企业内部的一种投资，如扩建厂房、安装新的机械设备或引进新的技术。对内投资的目的是扩大企业规模，增强市场竞争能力，最终增加企业的利润。对外投资是指企业将资金投放在企业外部的一种投资，如购买其他公司的股票或债券，目的是获得投资收益或达到控股、兼并的目的。投资活动的财务目标是决策最优投资方案，以较低的投资风险和较小的投资额获取较大的投资收益。

3.资金营运活动

资金营运活动是通过对日常生产经营活动的管理来实现的。它表现为对企业现金的管理、应收账款的管理、存货的管理、固定资产和再建工程的管理等，目的是提高资产的运营效率，防止资金的积压和浪费，提高企业的盈利能力。

4.收益分配活动

企业合理的经营活动会取得经营利润，正确的投资决策会取得投资收益。收益分配活动是企业将取得的利润和收益在各相关利益者之间分配的过程。企业经过投资活动取得的收入扣除相关成本费用后的余额，会计上表现为企业的利润或现金的净增加，这些增加的资金应当在国家、投资者、经营者、职工及其他相关利益者之间进行合理分配，国家按法律规定收取税金、债权人按约定时间和利率收回本金和利息、经营者和职工收取劳动报酬、剩余部分归投资者所有，或向投资者分配股息和红利或留在企业，以便企业进一步发展。收益分配活动的财务目标是在法律、法规的允许范围内，制定最优的利润分配政策，以利于企业的长远发展。

对以上几个方面财务活动的管理分别称为筹资管理、投资管理、资金营运管理和收益分配管理。这几个方面的管理活动是相互联系、相互制约、相互依存的，构成了企业财务管理最基本的内容。

（二）财务关系

企业的财务关系是指企业在组织财务活动过程中与有关各个方面发生的经济利益关系。这些财务关系大体上可以概括为以下内容。

1.企业与国家税务机关之间的财务关系

企业与国家税务机关之间的财务关系表现为国家以社会管理者的身份，无偿地参与企业收益的分配。任何企业都有依法纳税的义务，以保证国家财政收入的实现，以满足社会管理与公共建设的需要。企业按国家税法规定缴纳的各种税金，包括增值税、消费税、所得税及计入成本的各种税金等。企业财务管理的目标是按法律规定保证税金及时交付。

2. 企业与投资者之间的财务关系

企业接受投资者投资形成企业的主权资本。投资者就是企业的股东，投资者不仅有按协议、章程出资的责任，还有按出资额比例参与管理和分配利润的权利。企业经营者利用投资者投入的权益资本及债权人借入的债务资金进行生产经营活动所取得的利润，要在各个利益主体之间进行分配。按公司章程的规定，企业向国家缴纳税金之后，应提取企业的各种基金，向债权人偿还债务本息、向优先股东支付股息，剩余的部分归普通股东所有。对归普通股东所有的部分，公司可以派发现金股利，也可以留在企业增加股东投资。公司制企业的投资者有国家、法人、外商、个人等。企业财务管理的目标是制定合理的股利分配政策，在保证投资者的权益不受侵害的同时，合理发放股利。

3. 企业与受资者之间的财务关系

当企业将生产经营过程中闲置下来的、游离于生产经营过程之外的资金投放于其他企业时，它与被投资企业之间就形成了所有权性质上的投资与被投资的财务关系。企业投资的目的可以是联合经营、经济合作、控股或收购。投资企业应该按照合同和协议按时、足额履行出资的义务，以取得相应的股份，参与被投资企业的利润分配。被投资企业需将取得的税后利润按规定的分配方案在不同的投资者之间进行分配。企业财务管理的目的是正确做出投资决策，降低投资风险，以便获取较大的股权投资收益。

4. 企业与债权人之间的财务关系

当企业向债权人借入资金形成企业的债务资金时，债权人就成了企业借入资金的主人，具有到期向企业索取债务本金和利息的法定权利。企业在经营中合理利用债务资金，不仅可以扩大生产经营规模，还可以得到财务杠杆利益。企业财务管理的目的是保证到期归还债务本息，以保证企业的资本信誉。

5. 企业与债务人之间的财务关系

企业与债务人之间的财务关系主要是企业通过利用闲置资金购入国库券、企业债券等形式与债务人形成的投资关系。企业是资金的主人，享有到期向债务人索取债务本金和利息的法定权利。企业财务管理的目的是正确选择投资方向并做出投资决策，降低投资风险，以获得较大的债权投资收益。

6. 企业与内部各单位、各部门之间的财务关系

企业内部各单位、各部门在生产经营过程中承担不同的职责和任务，在实行经济核算制和经济责任制的条件下，企业内部各部门都有独立的财务权利。企业财务部门与企业内部各单位、各部门之间经常发生借款、包销、代收、代付、计价与结算等财务关系。这种财务关系属于企业内部的资金结算关系，体现了企业内部各单位、各部门之间的经济利益关系。

7. 企业与内部职工之间的财务关系

企业与内部职工通过签订劳动合同形成一种雇佣性质的合作关系。企业与内部职工之间的财务关系主要表现为企业接受职工提供的劳务，企业要从经营所得中按照一定的标准向职工支付各种劳动报酬。企业与职工之间的财务关系属于企业新创造价值的分配关系。

三、财务管理的特点

（一）财务管理的对象是企业资金活动

企业从设立到终结的一切活动都离不开资金运动。从投资者最初将资金投入企业，到经营者将资金运用到生产经营领域，再到企业的扩充、兼并及取得利润的再投资和分配，都表现为资金的流转和运动。企业对资金的流转和运动的形态、数量和策略的把握，是通过财务管理活动来实现的。

（二）财务管理的内容与经济业务密切相连

企业财务管理从业务流程上看，表现为资金筹集、资金投出、资金营运和收益分配等财务活动，这些财务活动构成了企业财务管理的主要内容。此外，企业财务管理还包括对企业合并、分立、改组、解散、破产的财务处理，财务处理是企业财务管理不可分割的内容。

（三）财务管理方法灵活多样

企业要在复杂多变的市场经济环境下生存和发展，必须针对种种不确定的经济因素对各项财务活动做出正确的决策，并保证决策目标的实现。企业财务管理可以通过财务预测、财务决策、财务计划、财务控制、财务分析等方法来实现。

（四）财务管理原则性强

市场经济是法制经济，企业的一切财务活动都必须依照国家有关法律、法规进行，任何违反国家法律、法规的财务活动和财务行为都是不被允许的，因此企业财务人员在对企业进行财务管理时应当自觉依法理财。

四、财务管理的原则

财务管理的原则是指企业在组织财务活动、处理财务关系时必须遵循的准则。它是财务管理实践的经验总结，体现了财务管理活动的行为规范，是对企业财务管理活动的基本要求。财务管理通常遵循以下六项具体原则。

（一）系统原则

系统原则要求财务管理活动必须从财务管理系统的内部和外部之间的联系出发，做到各个组成部分协调和统一。财务管理工作从筹资管理阶段开始，经过投资管理阶段，到资金收入、补偿及分配管理阶段为止，这三个阶段是相互联系、相互作用的，形成了一个有机的整体，具有系统性。

　　虽然财务管理工作各个阶段的整体目标是相同的，但是它们之间难免会产生矛盾，届时要根据系统原则，将财务管理系统作为一个整体来考虑。只有能够完成整体目标的财务管理系统才是最好的财务管理系统，因此必须对各个部分的利益进行协调，使整体效益达到最好。

（二）平衡原则

　　平衡原则是指财务管理活动不仅要保持各种资金存量的协调平衡，而且要关注资金流量的协调平衡的一项原则。企业取得资金收入，意味着一次资金周转的结束；企业发生资金支出，则意味着另一次资金周转的开始。企业要保证资金周转的顺利进行，要求资金收支不仅在一定期间取得总额的平衡，并且做到在每一时点上协调平衡。一定期间内总额上的收不敷支，必然要影响资金的正常周转，而收支总额虽然平衡，但当期内发生收不敷支状况时，也会妨碍资金周转的畅通。因此，只有遵循平衡原则，才能保证资金周转得以周而复始地进行。

　　在财务管理活动中，难免会产生收支不平衡的情况，企业应采取积极的办法解决资金收支中存在的矛盾，当出现资金收不敷支时，应及时筹措短期资金，以解燃眉之急；而当资金收入比较充裕时，则应积极偿还各种借款，或者进行短期证券投资，以充分发挥资金的效能。总之，企业在组织资金收支活动时：一要量入为出，根据现有的资金来安排好各项支出；二要量出为入，特别是关键性的支出项目，一定要积极融通资金，予以支持，以保持资金流量的协调平衡。

（三）收益与风险均衡原则

　　收益与风险均衡原则是指在进行财务管理活动时，必须全面分析每一项具体的财务管理活动的收益性和风险性，按照收益与风险适当均衡的要求，决定采取行动的方案，并在实施方案时加强风险防范和控制，采取必要的措施，趋利避害，以获取较好的收益。

　　在现代市场经济条件下，财务管理活动面临着许多不确定因素：有宏观的，也有微观的；有内部的，也有外部的；有经营的，也有投资的。这些不确定因素构成了企业的风险。因此，企业在任何一项财务管理活动中，若想获得收益，就不能回避风险。风险中包含着收益，挑战中存在着机遇，通常收益高的财务管理活动往往带有高风险；而风险低的财务管理活动，其收益也低。因此，企业要对财务管理决策项目的收益和风险进行全面的分析和权衡，要注意将收益高、风险大的项目同收益低、风险小的项目进行科学的搭配，以分散风险，使收益与风险均衡，做到既降低了风险，又取得了较高的收益。

（四）成本效益原则

　　成本效益原则是指对财务管理活动中的成本与收益进行分析比较，对经济行为的得失进行衡量，使成本与效益得到最佳的结合，以获取最好的效益。

　　企业进行财务管理活动要讲求经济效益，要求以尽可能少的耗费，取得尽可能多的收益。企业发生的一切成本费用，最终都是为了取得收益，都可以与相应的收益进行比较，因此，企业无论采取何种决策方案，都必须先考虑收益，再根据收益来决定投资额，并且要确保收益大于投入的成本；否则，将得不偿失。当有些决策方案在执行过程中可通过不断地追加支出，从而使其获得的收益越来越高时，就应考虑当投入多少成本时，它所获取的收益扣除其成本后的值能够达到最大；当有些决策项目存在较多的不确定性因素，以致收益难以确定时，应考虑在达到既定目标的前提下，如何使投入的成本最小化。

（五）利益关系协调原则

利益关系协调原则是指在财务管理活动中，要理顺企业与所有者、经营者、债权人、国家、职工、供货商和客户之间的经济利益关系，维护有关各个方面的合法权益。

企业在处理与所有者的利益关系时，应充分保障其权益，实现企业价值最大化；在处理与经营者的利益关系时，要建立激励机制，确保经营者的利益与企业的利益相一致；在处理与债权人的利益关系时，应履行偿债义务，做到按期还本付息；在处理与国家的利益关系时，必须合法经营，依法纳税，不得偷漏税款，但又应在不违反税法的前提下，尽可能地维护企业的利益；在处理与职工的利益关系时，要根据按劳分配的原则，将职工的收入与劳动成果相联系，既要保障职工应得的利益，又不能任意提高工资、滥发奖金及超标准支付劳保福利费用，损害所有者的利益；在处理与供货商和客户的利益关系时，应做到诚信、守法、互利。企业应协调处理好同各个方面的利益关系，以促进企业的长期稳定发展。

（六）统一领导与分级管理原则

统一领导与分级管理原则是指在企业集中统一领导下，按照管理资金与管理物资相结合的要求，合理安排企业内部各部门在资金、成本、费用和收入等管理上的权责关系。

制造企业通常分为厂部、车间和班组三级；商贸企业通常分为经理部、财务部和柜组三级。厂部、经理部是企业行政工作的指挥中心，财务管理的主要权力集中在厂部、经理部，并给予车间、商品部及其他职能部门一定的权限，建立各级财务管理责任制。企业的各项预算指标要分解并落实到各级部门，实行分级管理。为了使预算指标全面完成，各分级管理部门要明确有关职工在财务管理活动中的责任和权限，并逐级进行考核，将考核的结果作为奖惩的依据，以调动各个方面参与财务管理活动的积极性。

五、企业财务管理的职能

财务管理的职能是指财务管理在再生产过程中所具有的功能。财务管理的职能取决于财务的本质并受财务管理实践与管理理论发展的影响。财务管理的职能是随着财务管理实践和管理理论的发展而不断演变的。自从财务管理作为企业管理的一个独立部分被广为应用以来，其所体现出的特有职能取得了迅速发展。在财务管理实践活动较简单、管理理论处于初级之时，财务管理职能的发挥受到限制，人们对它的认识也较浅显；在管理实践活动变得复杂并出现了新的管理理论之后，财务管理职能才得以充分发挥，人们对它的认识也才更加全面和深刻。

（一）财务预测职能

财务预测职能是制订财务计划的重要依据，任何一个企业都必须根据财务活动的历史资料和现实情况，采用一定的方法，对企业未来的财务活动进行科学的预计和测算，以把握未来、明确方向。从财务管理的整个过程看，财务预测在财务决策、财务预算和财务控制等之前，是首要环节，可为进行财务决策、编制财务预算、实施财务控制提供依据。

财务预测的主要内容如下：

（1）销售预测。财务预测的起点是销售预测，销售预测不是财务管理的职能，但它是财务预测的基础。

（2）估计需要的资产。根据销量与资产的关系，预测所需资产的总量。

（3）估计收入、费用和保留盈余。

（4）估计所需的融资额度。

（二）财务决策职能

财务决策职能是指在财务预测的基础上，按公司财务目标的要求，采用一定的方法，从备选方案（如筹资方案、投资方案、股利分配方案等）中选择最佳方案的一个职能。财务决策的目的在于确定最佳的财务方案，以完成企业价值最大化的财务管理目标，因此财务决策是整个财务管理的核心。

财务决策的主要内容如下。

（1）确定决策目标。确定决策目标，即确定决策所要解决的问题和达到的目的。

（2）进行财务预测。进行财务预测，即通过财务预测，取得财务决策所需的并经科学处理的预测结果。

（3）方案评价与选优。方案评价与选优，即依据预测结果建立若干备选方案，并运用决策方法和根据决策标准对各个方案进行分析论证，做出综合评价，选取其中最为满意的方案。

（4）决策过程的结束，还需要进行具体的计划安排和组织实施，并对计划执行过程进行控制和搜集执行结果的信息反馈，以便判断决策的正误，及时修正方案，确保决策目标的实现。

（三）财务预算职能

财务预算职能是根据财务预测和财务决策的结果，采用科学的预算方法，协调公司的财务资源而制订的财务活动计划。预算体系主要由销售收入、现金、资本预算等构成。

实行财务预算管理是现代企业管理的迫切需要。现代企业是组织社会化大生产的盈利性组织，是市场经济的主体。为了求得企业的生存、盈利和发展，必须打破传统职能管理的界限，将企业视为一个整体，在战略目标及战略计划的指导下，注重企业内部的综合协调管理，强化企业管理的计划、组织、控制和协调职能。只有这样，才能使所有职能部门和所属单位的子目标与企业整体目标趋同，从而使得投资者的战略决策与经营者的管理行为相一致。这种管理格局无疑需要企业管理有一条主线，通过这条主线将企业各职能部门的管理工作和所属单位的生产经营活动贯穿起来，从而提高企业整体的管理效率和经济效益。发达国家成功企业的经验表明，这条主线就是财务预算管理。在国外，财务预算管理已经经过很长时间的应用和发展，如在美国，90%以上的企业都要求实施财务预算管理。国内许多企业已经意识到财务预算的重要性，要求财务部门做预算。因此，实行财务预算管理是企业管理的迫切需要，是搞好企业管理的重要方法，是检验现代企业管理科学化的重要标志之一。

（四）财务控制职能

控制是落实决策的手段，目的是对比计划与实际状况之间的差异，分析产生差异的原因，然后采取相应的办法，使公司的财务活动按既定目标开展。

财务控制职能影响着公司运营的各个方面，对财务工作尤为关键，不善于管理自己财务资源的组织是无法生存的。因此，公司必须持续不断地对其财务资源进行监控。如果将财务资源比作组织的血液，那么财务控制就是它的心脏。如果企业想保持健康并不断成长以发挥全部潜力，就必须科学地进行财务控制，必须仔细研究各种财务控制方法提供的数据资料，如预算、资产负债表、损益表、财务比率等。总而言之，科学地运用好财务控制职能对加强企业管理有着重要的现实意义。

（五）财务分析职能

财务分析职能是指运用各种技术和分析工具，分析公司财务报表中的有关资料的一个职能。财务分析不仅可以评价企业过去的经营业绩，而且可以了解企业目前的财务状况，进而预测企业未来的发展趋势。企业通过财务分析，可以降低决策的盲目性。

第二节　企业财务管理的目标

一、企业经营管理的目标

企业是一个盈利性组织，其运营的出发点和归宿都是为了盈利。在市场经济条件下，企业一旦设立，就面临着竞争，在激烈的市场竞争中，企业始终处于发展与萎缩、生存与倒闭的矛盾之中。企业要生存就得盈利，企业要获得更大、更稳定的利润就得发展。因此，企业经营管理的目标可以概括为生存、发展、获利。

（一）生存

生存是获利的前提条件，企业只有生存才能获利。企业是在市场中生存的，要生存就必须满足两个条件：一是以收抵支；二是及时偿还到期债务。

以收抵支是在市场经济中企业获得生存的基本条件。收是指收入，即企业提供产品、劳务所获得的资金收入。支是指支出，即企业在生产产品、提供劳务过程中发生的各项资金支出。企业只有以收入抵补支出，才能维持再生产，企业才能生存。如果收入不能抵补支出，企业就会亏损，其结果是逐渐耗损投资者投入到企业的资金。如果企业长期亏损，扭亏无望，投资者投入的资金就有被亏损殆尽的危险，投资者为避免损失进一步扩大，就会主动决定解散或申请破产以终止企业。

及时偿还到期债务是企业获得生存的必要条件。企业为了扩大规模或满足资金周转的需要，向金融机构或社会公众借入资金，称为负债。国家为了维持市场经济秩序，通过立法规定债务人必须"到期偿还债务本金和利息"，不能到期偿还债务本金和利息的，经债权人申请，法院可以接管，裁定企业"进入破产清算程序"。此时，企业也就失去了生存的条件。

由此可见，在市场经济条件下，影响企业生存的条件有两个：一是长期亏损，这是企业终止的内在原因；二是不能及时偿还到期债务，这是企业终止的直接原因。

因此，企业力求保持以收抵支和及时偿还到期债务，减少破产解散的风险，使企业长期稳定地生存下去，是企业经营的目标，也是对财务管理提出的第一项要求。

（二）发展

企业是在发展中求生存的，发展是企业获利的保证。在科学技术不断发展、产品升级换代频繁的当今社会，企业的经营如同"逆水行舟"，不进则退。企业只有不断采用新技术，提高产品质量，推进产品的更新换代，不断推出高附加值的新产品，扩大市场份额，才能在激烈的市场竞争中立于不败之地。

不论是企业引进先进技术还是产品更新换代，都需要资金支持。企业发展所需的资金：一是来自企业内部的积累；二是来自外部资金的筹集。如何有效地积累企业内部资金和有效地筹措外部资金，以及高效率地运用资金，是对企业财务管理提出的又一项要求。

（三）获利

企业只有获利才有存在的价值，获利是企业的根本目的，也是企业生存和发展的保证。利润是指企业收入与各种生产耗费的差额，属于企业新创造的价值。企业只有不断获得利润，才能保证国家财政收入的稳定增长，保证股东投入资金的保值增值，保证企业有充足的发展基金，保证企业经理人员和职工的收入不断提高，最终实现企业的价值。

因此，如何更有效地运用企业资金获取更大的利润、更有效地提高企业的价值，是对企业财务管理提出的第三项要求。

二、企业财务管理的目标

企业财务管理的目标又称为企业的财务目标、企业的理财目标，是指企业财务管理预期达到的目的。企业经营管理的目标与企业财务管理的目标有区别也有联系，企业财务管理的目标企业经营目标的制约并服从于企业的经营目标。人们对企业财务管理目标的理解有以下三种不同的观点。

（一）利润最大化

利润是指企业一定时期的全部收入减去全部费用后的盈余，它直接体现了投资者的投资目的和企业的目标，具有现实的意义。由于利润便于明确经营责任和业绩考核，便于纳入全面预算体系，一些企业往往将利润最大化作为企业的理财目标。

（二）资本利润率最大化或每股收益最大化

资本利润率和每股收益是企业的两个最重要的投入—产出比率。资本利润率是指企业税后利润与股权资本（所有者权益）的比率，反映企业股东投入资本的获利能力。每股收益是指企业税后利润与发行在外流通股总数的比率，反映股份有限公司股东投入资本的获利能力。

（三）企业价值最大化

企业价值最大化又称为股东财富最大化。这种观点认为，企业的所有权归普通股东所有，企业价值最大化就是股东财富最大化。企业创造财富的能力，不仅表现为当前取得利润的多少，还表现为在存在市场风险的条件下，长期创造社会财富和获取利润的能力。理论上，企业价值是其未来预期实现的现金净流量的现值，通俗地说，就是企业的市场价值或者是企业经过市场衡量的内在价值。

事实上，由于企业未来净现金流量的未知性及折现率影响因素的不确定性，企业未来净现金流量的现值难以准确计量。目前，理论界对企业价值的确定方法并未达成统一认识。一种比较简单的确定企业价值方法是在资本市场有效性的假定之下，上市公司的企业价值为公司股票的总市值，非上市公司的企业价值为市场中介机构的评估价值。所以，企业价值最大化可以理解为企业市场价值或价格的最大化。

上述三种企业财务管理的目标各有优缺点。前两种企业财务管理的目标尽管存在不足，但由于意义直观、方便计算、便于考核，因而被实务界青睐；第三种企业财务管理的目标尽管理论上完美，但其在计算过程中各种影响因素难以准确界定。目前，理论界和实务界多倾向于第三种企业财务管理的目标——企业价值最大化。

三、财务管理目标的协调

所有者和债权人都为企业提供了资金，但是他们身处企业之外，只有经营者掌管着财务管理工作。企业是所有者的企业，财务管理目标是所有者的目标。所有者委托经营者代表他们管理企业，为实现他们的目标而努力，但经营者的目标和所有者的目标并不完全一致。债权人将资金借给企业，并不是为了企业价值最大化，其与所有者的目标也不一致。企业必须协调所有者与经营者之间、所有者与债权人之间的矛盾，才能实现企业价值的最大化。

（一）所有者与经营者之间的矛盾与协调

1. 所有者与经营者之间的矛盾

所有者的目标是使企业价值最大化，所有者要求经营者以最大的努力去完成这个目标。而经营者的目标是增加报酬，包括物质和非物质的报酬，如增加工资、资金；提高荣誉和社会地位；增加闲暇时间，包括较少的工作时间、工作时间里较多的空闲和有效工作时间中较小的劳动强度；规避风险等等。

经营者有可能为了自身的目标而背离所有者的利益。这种背离主要表现在以下两个方面。

（1）道德风险。经营者为了自己的目标，不是尽最大的努力去实现企业价值最大化的财务管理目标，他们没有必要为提高股价而冒险，股价上涨的好处将归于股东。如若失败，他们的身价将"下跌"。他们不做什么错事，只是不十分卖力，以增加自己的闲暇时间。他们这样做不构成法律和行政责任问题，只涉及道德问题，股东很难追究他们的责任。

（2）逆向选择。经营者为了自己的目标而背离股东的目标。例如：装修豪华的办公室，买高档汽车；借工作需要乱花股东的钱；蓄意压低股票价格，以自己的名义借款买进股票，导致股东财富受损，自己却从中获利，等等。

2. 所有者与经营者之间的协调

为了解决所有者与经营者之间的矛盾，所有者通常采取将经营者的报酬与绩效相联系的办法，并辅之以一定的监督措施。

（1）解聘。这是一种通过所有者来约束经营者的办法。所有者对经营者予以监督，如果经营者未能使企业价值达到最大，就解聘经营者，经营者因害怕被解聘而被迫实现财务管理目标。

（2）接收。这是一种通过市场来约束经营者的办法。如果经营者决策失误、经营不力，未能采取一切有效措施使企业价值提高，该企业就可能被其他企业强行接收或吞并，经营者也会相应地被解聘。为此，经营者为了避免这种接收，必须采取一切措施，提高企业价值。

（3）激励。这是指所有者将经营者的报酬与其绩效挂钩，以使经营者自觉采取能促使企业价值最大化的措施。激励有以下两种基本方式。

①股票选择权方式。这是指允许经营者以固定的价格购买一定数量的公司股票，股票的价格高出固定价格越多，经营者所得的报酬就越多的一种激励方式。经营者为了获取更大的股票涨价益处，必然主动采取能够提高股票价格的行动。

②绩效股方式。这是指公司运用每股利润、净资产收益率等指标来评价经营者的业绩，视其业绩大小给予经营者数量不等的股票作为报酬的一种激励方式。如果公司的经营业绩未能达到规定目标，经营者也将部分丧失原先持有的绩效股。这种方式不仅能使经营者为了多得绩效股而不断采取措施提高公司的经营业绩，而且能使经营者为了使每股市价最大化而采取各种措施，使股票市价稳定上升。

（二）所有者与债权人之间的矛盾与协调

1. 所有者与债权人之间的矛盾

债权人将资金借给企业的目的是到期收回本金，并按约定的利率收取利息；企业借款的目的是为了扩大经营，将资金投入有风险的项目，并将这种风险的相应报酬纳入利率。但是，一旦资金以借款形式到了企业，债权人就失去了控制权。

所有者为了自身的利益，可能会通过经营者损害债权人的利益。其常用的方式有以下两种。

（1）所有者不经债权人的同意，投资于比债权人预期风险高的新项目，高风险的项目一旦成功，超额利润由所有者独享；反之，如果投资失败，企业无力偿债，债权人与所有者将共同承担由此而造成的损失，这对于债权人来说风险与收益是不对称的。

（2）所有者为了提高企业的利润，不征得现有债权人的同意而要求经营者发行新债券或举借新债，使企业的负债比率提高，相应地增加了偿债风险，致使老债券或老债务的价值降低。尤其是对不能转让的债券或其他借款，债权人不能出售债权来摆脱困境，处境更为不利。

2. 债权人与所有者之间的协调

债权人为了防止其利益受到损害，协调与所有者之间的矛盾，通常可以采取以下措施。

（1）限制性借款。限制性借款即在借款合同中加入限制性的条款，如规定借款的用途、借款的担保条款和借款的信用条件，规定不得举借新债或限制举借新债的数额等。

（2）提前收回借款或不再借款。提前收回借款或不再借款，即当债权人发现企业有侵蚀其债权的动机时，拒绝与企业进一步合作，采取提前收回债权或不给企业提供新的借款措施，以保护自身的利益。

第三节　企业财务管理价值观念

作为一名现代企业的财务管理人员，应当很好地树立和掌握现代化的管理观念，并科学地运用现代化的管理观念来提高企业的经营管理水平。

一、资金时间价值观念

资金在周转运动过程中，不仅会发生价值形态的变化，而且会发生价值量的变化，即随资金周转时间的推移而发生增值。资金在周转运动过程中由于时间因素而形成的差额价值，称为资金时间价值。由于资金是有时间价值的，故处于不同时点上的资金，其价值是不等的。企业将货币资金存入银行，随着时间的推移，相应地会获得新的价值，即一定的利息。若将货币资金投入生产或流通，随着时间的推移，同样会获得新的价值。可见，资金时间价值是企业筹资与投资决策的重要依据。财务人员应当树立资金时间价值观念，运用资金时间价值的理论和方法来提高理财水平。

二、局部利益观念

局部利益观念是企业财务管理的必然产物。企业的局部利益是企业高层决策机构的首选利益，而局部利益与社会整体利益的协调则只能依赖于国家法律的强制措施。在我国对企业实行独立自主经营政策和建立市场竞争机制后，企业财务活动的利益中心从计划经济时期的国家利益转移到企业利益上来，从而形成了企业财务的局部利益观念。应该承认，局部利益观念主宰企业财务行为是市场经济的必然，正确理解和处理企业局部利益与社会整体利益的关系显得格外重要。当前，在企业财务上具有共性的局部利益观念就是节税观念与投机观念。

（一）节税观念

税金是企业的一项无偿性现金支出，对企业财务构成一定的影响，因此，财务管理也应综合考虑纳税和节税。企业财务工作者除了要熟悉税法和相应的税收征管办法之外，还应对财务决策中的不同税收条件进行细致的分析和研究，以达到充分利用国家税收政策的目的。需要指出的是，由于节税是企业局部利益的一种体现，必须以不损害国家法定利益为条件，因此，企业财务工作者应树立正确的节税观念（即法制观念），不能以节税为借口而走偷税、漏税、逃税、抗税的违法犯罪道路。

（二）投机观念

市场上的商品、物资、不动产、证券、外汇的价位都在发生变化，这种变化所形成的差额收入有强大的吸引力，往往使购买者转为投机者，即"为卖而买"。因此，企业财务工作者应当正视市场经济投机性的一面，并保持正确的投机观念，以利用市场条件谋求企业的局部利益，如适度举债经营。在财务决策中，企业财务工作者对不同的税收条件要进行细致的分析和研究，以达到充分利用国家税收政策的目的，实行合理避税。

三、财务公共关系观念

在实际的财务管理工作中，财务环境复杂多变，财务关系日趋复杂，树立财务公共关系观念，正确处理好财务关系，已成为企业生存和发展的关键。财务公共关系（财务公关）观念主要包括以下三点。

（一）树立企业形象，珍视企业信誉

信誉至上、质量第一是企业良好的社会形象，也是企业的无形资产。这是财务公共关系观念中最重要的思想。

（二）建立信息网络，加强信息交流

建立有效的财务信息系统和市场信息网络，加强企业内外部财务信息和其他信息的搜集、反馈和传播，有效地利用适应本企业赖以生存和发展的各种财务环境。

（三）正确处理公众关系，分析发展趋势

密切注视公众关系、公众利益，与社会整体建立并保持良好的公共关系。

第四节 企业财务管理的理论

一、企业资源理论

企业资源理论主要源于 20 世纪 20 年代马歇尔的内部成长论，在其门生潘罗斯等人的大力推动下逐步发展起来，直至 20 世纪 80 年代由沃纳菲尔特对其进行了综合性阐释，在 20 世纪 90 年代由海默等学者做了深入性运用，渐渐使之成为当今重要的企业管理理论之一。企业资源理论从企业是以资源为基础的组合体的基本前提出发，着重于从企业内部分析企业竞争能力与企业差异性，从而为企业发展战略的制定与实施提供有效的理论指导。

企业资源理论的兴起不是偶然的，而是知识经济时代的必然产物、网络经济发展的客观要求。知识经济时代，一个最基本的特征就是将知识提升为一种至关重要的生产要素，知识不再是资本的附庸，而是已经替代财务资本成为最稀缺的资源，对知识的拥有成为影响企业竞争的关键因素；网络经济则是重点强调资源信息在不同组织间交互流动所创造的

经济价值，着眼于知识资产的长期增值。因此，知识经济与网络经济的发展，使得知识管理成为企业管理的中心，而企业资资源理论正是顺应了这一企业管理的新要求发展起来的。

（一）企业资源概念的界定

1.企业资源的含义

企业资源理论认为企业是资源的特殊集合体，那些与竞争对手相比具有资源的独特性和优越性，并能够与外部环境匹配得当的企业具有竞争优势。但对于资源的概念却存在多种不同的观点和意见，主要观点有以下几种。

沃纳菲尔特认为"任何能够带给特定企业优势或劣势的事物都可以视为是企业的资源"。这也是对企业资源最广义的界定。

巴尼认为企业资源是指企业的所有资产、能力、组织流程、公司属性、信息、知识等，能被公司控制的，能够提高公司战略的构思、制定与实施的，并能为公司发展创造价值与效益的所有要素的统称。这个概念强调了资源对企业的有用性。

迪尔里克斯和库尔认为企业资源是指组成企业的基本要素（资源要素）、基本要素间关系等的统称，也就是指所有能够创造企业价值的要素及其组合关系的总称。

郭培民认为企业资源是指能够为企业控制并用来创造企业价值的资源要素以及要素间关系等的统称。

可见，对企业资源的准确界定是极为困难的，人们能够认同的界定是企业资源是能够为企业发展创造价值的一种价值要素。本书采纳郭培民对企业资源的定义。因为这一定义具有以下优点。

第一，强调了资源可控性，从而有利于界定企业资源的边界与外延。

第二，强调了资源的价值性，这符合财务视角的资源观，即资源应该是对企业发展有用的。

第三，强调了资源应包括要素间关系，这符合资源与竞争优势的因果关系。从实际情况来看，企业资源并不是一个孤立的单元，而是与企业其他资源有着强弱不同的联系。

第四，强调了企业资源的等级层次性，认为企业资源存在由简单到复杂、低级到高级的差别。也就是说，不同的要素组合方式与类型会形成不同等级与层次的企业资源，这也是企业资源理论的基本出发点。

此外，企业资源理论对如何界定资源与能力这两个紧密相关的概念也存在不同意见。例如科利斯和蒙哥马利认为企业资源包括了企业拥有的有形资产、无形资产和组织能力；格兰特则认为区分企业的资源和能力很重要，他认为企业资源包括有形资源、无形资源、人力资源和人力资本等；如何将企业的各种资源组合起来为企业创造更多价值，则构成了企业的能力。从表面上看，将能力与资源区分开来具有一定的道理，但在具体的管理实践过程中，由于企业资源与企业能力存在较强的互动关系并且往往交叉在一起且边界模糊，将两者截然分开是不现实的。因此，在本书中将企业能力包含在企业资源外延，企业能力只不过是企业中多种资源要素及其关系融合在一起形成的高级企业资源形式。

2.企业资源的分类

企业差异来自于企业拥有资源的差异，不同资源具有不同的价值创造力与特性，对创造企业持续竞争力有着不同的影响。但由于企业资源本身的多样性特征，导致企业资源分类标准也存在较大的差异，常见的分类方法有按资源的构成内容和重要性进行分类两种。

（1）按资源的构成内容分类

常见的按资源的构成内容进行分类有以下几种。

以潘罗斯等人为代表的将企业资源分为两大类：实物资源（物力资源）与智力资源（人力资源）。实物资源包括资金、设备、厂房等，智力资源包括人力资源、知识产权、市场资源、基础结构资源、企业文化资源等。

科利斯和蒙哥马利将企业资源分为有形资源、无形资源和组织能力三大类。有形资源是唯一可以体现在企业资产负债表上的资源，包括资金、固定资产、存货等；无形资源包括企业的声望、品牌、文化、技术知识、专利和商标，以及日积月累的知识和经验；组织能力是企业人力资源、物力资源与组织投入产出过程的复杂结合的结果，体现为提高企业效率和效果的能力。

巴尼、威廉姆森等人将企业资源分为物质性资本资源、人力资源和组织资本资源三大类。

物质性资本资源主要是指财务和实物资源，由于它们本身具有标准化属性，所以很少成为企业竞争优势的来源。

人力资源指的是企业中所有体现在企业员工身上能够为企业发展创造价值的才能，该能力不仅包括员工在公司外学习获取的知识，还包括其在公司内获取的知识。人力资源可以具体分为技术型人力资源、管理型人力资源、业务型人力资源三大类。

组织资本资源是指能够提高组织对所承担任务的协调能力的资源的统称，组织信息（或知识）是形成组织资本资源的基本源泉。组织资本资源主要包括企业管理制度、企业高效协调与运行能力、企业管理能力（如财务管理能力、采购管理能力、人事管理能力等）、管理信息系统、团队建设能力、对企业资源的综合利用能力、企业内部流程管理能力以及企业决策能力等。

格兰特将企业资源分为有形资源、无形资源、人力资源和组织能力。其中，有形资源包括财务资源和实物资源，无形资源包括技术资源和声誉等。

本书采用第一种分类方法，即将企业资源分为实物资源和智力资源两类。根据国际会计准则委员会的定义，财务资源和实物资源实际上是同一事物的两个方面，两者的本质是相同的。由于财务资源不存在计量上的困难，而且从企业对外公开提供的财务报告中可以直接获得，所以通常用财务资源来指代企业能够进行货币化度量的资源。智力资源或知识性（无形）资源，尽管名称不同，但都特指那些能够给企业创造价值，却不能直接以货币度量的资源。为便于与财务资源相对应，本书将此类资源统称为智力（知识）资源。此外，将智力资源划分为人力资源、结构资源与关系资源三类，已经得到了许多学者的认同。人力资源被定义为"企业全体员工与管理者的知识、技能与经验"；结构资源被定义为"企业特有的组织流程、结构、策略与文化，能够用来解决问题与创造价值"；关系资源被定义为"企业与顾客、供应商、合作伙伴的良好关系的建立、维护与开发"。

（2）按资源的重要性分类

根据重要程度将企业资源分为以下四类。

①战略资源，指无法通过外部市场获取的资源，缺乏这种资源将导致公司整体的、全局的和长期的损失。

②稀缺资源，这类资源可以通过外部市场获得，但在外部市场上获取这一资源的代价很大，且其权益缺乏保障。

③重要资源，指公司进行生产经营活动不可或缺的资源，如管理经验、一般技术等。

④一般资源，这类资源也是企业生产经营活动所必需的，但其存在完全竞争市场，可在外部市场上以公开价格获取。

显然，前两类资源是企业获取超额收益的基础，特别是战略资源，在很大程度上是依靠公司内部经验和知识积累形成的，也是企业核心竞争力的来源。后两类资源则往往只能给公司带来一般的收益。需要注意的是，同一种资源在不同情况下其重要性程度并不相同，这既取决于某一资源在某一时点的稀缺程度，也取决于企业对所进入的行业的选择（业务机会集合）。

在传统的企业资源理论的文献中，财务资源由于既不稀有又可以被模仿和替代，所以一般不被视为能为企业提供可持续竞争优势的战略资源。然而，财务资源的可获得性及其对企业产品竞争战略调整变化的适应性，对企业竞争战略的成功有重大影响，财务灵活性本身已成为一项竞争优势因素。迈尔斯等人的研究，均证实了公司增长机会与其财务杠杆具有显著的负相关关系。蒂特曼证实在主要竞争对手之间经营效率无差别时，财务杠杆低本身就是一项重要的竞争优势因素。这也是江小涓和周厚健将财务安全视为目前中国企业发展的关键因素的原因。

对于处于形成发展期的企业来说，财务资源的可获得性更重要。在初创期，由于企业产品尚未被消费者认可，企业产品的自身投入要大于产出，产品本身需要不断地投入资金，所以能否及时获得足够的财务资源就成为决定企业能否生存的基本前提。在发展期，企业还需要投入大量的财务资源用于产品开发和市场开发，并且需要提供较高的薪酬吸引有能力的员工，但此时融资往往很困难。同时，在发展期的投资是企业积累战略资源的必需途径，因此，在这一阶段财务资源也应被视为可持续竞争优势的来源，或者说财务资源在这一阶段就是企业的一项战略资源。

（二）资源观视角的企业集团

和交易成本理论将关注重点集中在权威机制和价格机制配置资源的成本比较不同，企业资源理论将关注的重点从对外部市场的支配转向对内部资源的有效利用。福斯等人认为，经济组织的演进并不一定仅仅取决于交易成本，在动态的环境变化中，经济组织更多的是通过效益优势获得存在和发展的依据。麦多克也指出企业之所以存在，并不仅仅是因为它能够节约交易成本，更重要的是它能够将各种资源进行有效协调而生产出产品，持续地创造经济价值。在潘罗斯看来企业是"建立在管理型框架内的各类资源的集合体"，其功能是"获取和组织人力与非人力资源以盈利性地向市场提供产品或服务"，企业的成长主要取决于能否更为有效地利用现有资源，是企业的剩余资源刺激着企业实行多元化经营。钱德勒也指出"企业向新的市场及新的产品线扩张，有助于确保其资源的持续利用"。理查德森则区分了"替代性活动"和"互补性活动"，认为前者是指依存于同一能力的活动，后者是指以一定的规模和专业化程度为基础而与其他活动相匹配的活动。在理查德森看来，"替代性活动"应在企业范围内组织和协调，因为一个组织的能力发挥倾向于自身精通的经济活动专业化；"互补性活动"则应通过各种中间组织形式来实施；对于既非"替代性活动"也非"互补性活动"的活动而言，更好地组织经济活动的方式是市场。按照资源论的观点，企业的增长与企业可能拓展生产领域的知识和能力的积累密切相关。例如，钱德勒指出组织能力对于企业发展的重要意义，认为组织能力是工业资本主义发展的核心动力。普拉哈拉德和海默则强调核心能力是企业持续竞争优势的来源，而核心能力是"组织中的群体学习，特别是如何协调各种不同的生产和整合不同的技术流"。巴尼也认为持续竞争优势来自企业所控制的有价值的、稀缺的、不能完全模仿和不可替代的资源和能力。如果将能力看作是企业中多种资源要素及其关系融合在一起形成的高级资源形式，那么作为资源集合体的企业的竞争优势不仅体现在某一类型企业资源的价值创造能力，而且体现在企业资源整体组合的价值创造能力。企业只有获得了能够补偿自身不足的资源时，才能够更加有效地发挥已有资源的价值创造能力。

尽管对于不相关多元化存在不同意见，但在资源论看来，企业业务由单一到主导再到相关多元化是毋庸置疑的。沃纳菲尔特对旨在收购现有资源的互补资产以弥补自身之不足的相关多元化非常推崇。提斯等人也认为"相关多元化——在现有能力基础上形成的多元化——可能是资源能力分析框架内唯一具有积极意义的多元化形式"。对于不相关多元化，正统的资源论者对其持反对态度，认为它无法在不相关的业务之间以经济的方式共享或转移资源，却导致公司总部产生较高的管理费用。对不相关多元化的正面解释，威廉姆森强调其所具有的信息优势，认为公司总部不仅在获取业务组合的信息方面比外部投资者具有优势，而且在分配和监管投资方面也会比外部市场做得更好。凯伊则指出了不相关多元化分散风险的作用。格兰特则以资源论为基础提供了一个分析不相关多元化的理论框架。格兰特扩展了资源的概念，相对于运营资源，他提出了企业层面管理资源的概念，并以此为基础提出了企业相关性的概念。企业相关性是指不同业务之间在风险、投资规模、生命周期和时间跨度等方面具有相似性。当企业存在这些相似性时，这些企业就有着相似的决策逻辑、相似的决策问题和相似的执行要求，因此，可以使管理人员在战略和控制方面开发出适用于所有业务的技能。从这个意义上，惠廷顿、梅耶认为格兰特仍然是基于潘罗斯的管理资源的观念，只是强调了企业一级管理的技能作为资源的技能、作为一种资源的重要性。在普拉哈拉德和贝蒂斯看来，对于不相关多元化的企业集团来说，企业相关性的建立只需要一个拥有知识和相关技能的小型高层管理团队形成的精悍的企业集团总部，并不需要较高的管理费用。但正如惠廷顿、梅耶指出的那样：不相关多元化的企业集团一定会比相关多元化的企业集团短命。只具有企业相关性的企业集团一般来说会对某一特定高管团队具有较强的依赖性，鉴于这样一个高管团队很难保持长期的稳定，不相关多元化的企业集团也因此缺乏长久的生命力。

需要注意的是，关于企业多元化的讨论多是建立在多部门大企业（M型企业）的基础上，然而，作为企业集团战略决策中心的集团总部与具有独立地位的成员企业之间的紧密联系非常接近M型企业总部与分部之间的关系。就组织结构与功能的适应性而言，企业集团与多部门大企业之间并无本质的差异。钱德勒曾指出多系统、多功能、多产业的大企业，是美国式的企业集团，认为由于税制、法律方面的原因，未成立子公司而成立了事业部，事业部有财务、采购、生产、销售、研究开发等部门，成为能够独立运营的主体，而公司总部则建立有效的中央监控组织机构，按事业部的投资收益率和事业成长率分配资金、协调各部门的关系，从而提高各部的效率是美国式的企业集团的特色。米尔戈罗姆、罗伯特和埃图等也曾做过类似的表达。因此，企业集团化和多元化都是出于对经济的追求，多元化是企业集团化的一种扩张模式，但不是唯一模式，而企业集团又为多元化创造了条件。所以，集团化本身也是一种企业成长行为，而企业多元化也多以集团形式出现。企业的集团化和多元化之间有很密切的关系，国外大型企业集团化的成长历程也证明了这一点。王凤彬也曾指出，由于存在母子公司双重征税而导致美国大企业多采用事业部的组织形式。曹凤岐则提出，我国在选择企业集团组织结构时，应更多地采用M型企业结构，这样既能加强集团总公司的宏观管理与调控，又可调动分公司、子公司和总公司内部各部门的积极性。

我们认可企业资源理论是知识经济和网络经济发展的必然产物的这一观点。知识经济时代，知识作为一种资源已成为企业获取竞争优势的重要基础。知识资源重要性的提高也逐渐改变了企业管理的重心："使其从纵向管理转向横向管理，从单向的命令与控制转向交互作用，从计划管理转向人力资源管理，从管理主义转向网络生存。"

综上所述，企业集团的形成和发展是企业对环境适应—反应的结果，企业在积累独特资源和组织能力的过程中，成为既相对独立又相互依存的行为主体，这种自主且互相依赖的对立统一使多法人联合体形态的企业集团的出现成为可能。从这个角度来看，企业集团"实质上就是母子公司双方资源关系的外部化拓展以及新型资源关系体系的构建，即母子公司资源关系的对接"。当一个企业在市场竞争中能够积累起具有异质性的资源集合时，就有可能获得某种竞争优势，这种竞争优势又会促使企业对其进行扩展运用以追求最大收益。同时，企业必须不断获取和开发能够给企业带来竞争优势的战略资源，以使企业的战略资源能适应企业内外部环境变化。因此，企业从外部获取资源的能力及其内部整合利用资源的能力反映了企业的竞争优势。但由于不同企业积累资源的专业化方向以及效率各不相同，在进行资源整合时，如果强行划一就可能破坏自主企业资源积累的源泉。这时，控制一个企业但同时保留其独立的法人资格就成为一个可行且必要的方法。因此，如果说企业所具有的竞争优势与其所嵌入的关系网络是相关联的，那么相对于其他关系网络，企业集团更加依赖基于股权的协调和控制，因为这更有利于母公司获取信息、保护母公司向子公司转移的异质资源和组织能力，同时是保护这些资源和能力的一种定价方式。

（三）财务资源在企业集团形成和发展中的作用

从资源论的角度看，母子公司关系就是建立在一定的资源关系基础上的一种特殊的企业间关系。这里的资源关系，在法律上有两点要求：一是能够货币化衡量，以保证法律监督的客观性；二是应该超过一定的股权比例，以形成两公司间的法律责任关系。关系的特殊性体现在母公司可以运用母子公司关系形成的权力对子公司的经营活动进行管理和控制。前面已经指出本书对母子公司关系的界定是建立在控制与被控制、管理与被管理的法律责任关系的基础上。按照对企业资源的两分法，可以将其分为财务资源和智力资源两大类。财务资源的最大特性在于其具有同质性和可以货币化度量，这一特点使其成为企业资源（要素）间的"黏结剂"和确认法律责任关系的基础。因此，在企业集团的形成和发展过程中财务资源也具有不可替代的重要作用。

1. 财务资源是母子公司之间资源流通的"物质管道"

单纯从企业资源管理角度来看，提高企业资源利用效益主要有两种管理途径：一是对企业资源的优化分配管理；二是提高企业资源的共享性管理。分配管理主要是针对具有排他性的竞争性的资源管理，即是对财务资源的管理；而共享性管理则是对具有共享特性的智力资源的管理。因为智力资源不同于财务资源，它最大的特征就是共享性，即它不会因为应用主体数量的增加而削弱该资源的使用价值，反而会随使用频率的增加而不断完善与提升价值创造力。在企业集团网络中，企业资源被共享利用的频率将远远多于单一企业组织，并且会随着集团网络的不断扩展而增加。如若母公司具有较强的财务管理能力，它就可以将这一资源扩散到该网络系统中的任何子公司中去。同时，网络中某子公司塑造了一种具有较高价值的资源如市场资源，在母公司的协调下，就可以将该资源的价值拓展到整个网络系统中进行共享。跨国公司的母公司对关键资源的创造与共享利用、推广的能力，是其能够在世界各地实现快速扩张与发展的关键所在。

可见，财务资源是构建母子公司的物质基础，财务资源关系是实现母子公司间智力资源流动与扩散的法律保障与通道；而智力资源关系则是母子公司间智力资源交换的结果，是母子公司间能力的交融，更是母公司资源运作与管理能力的延伸，是真正推动母子公司发展的动力。总之，物化资源关系是智力资源关系稳定发展的利益保障平台，是智力资源关系的依托，是母子公司网络系统内部资源运营的物理平台。因此，我们可以这样形容两者之间的关系，物化资源关系是连接母子公司的管道，智力资源则是在这根管道中流动的能量，是用来推动母子公司更加有效运转与发展的动力。

如果说随着经济的发展和技术的进步，企业集团的财务资源由于其同质性特征而很难成为支撑集团的战略资源的话，智力资源则由于其异质性而日益成为集团核心竞争力的基础，并决定着集团的发展动力。同时，智力资源的特性也意味着其扩散所形成的契约关系具有很强的不完全性，因此，需要以财务资源关系为依托。按照这一思路，资源自身的特性及整合需要的不同造成企业间关系行为的差异。

从动态来看，母子公司是双方根据彼此的发展需求，利用这一关系资源平台，通过资源在双方的扩散，将双方的资源进行融合再造，为双方的发展创造新资源的过程，是一个动态化的不断发展变化的过程。在这一过程中，以股权为基础的资源联结纽带是一个重要的"资源管道"，连接了集团成员企业资源的相互输送。也就是说，物化资源的联结成为知识资源等扩散和传输的"管道"。企业集团是将难以定价的企业异质化的资源和组织能力以股权的形式加以定价，并成为交易完成后母公司对下属企业进行协调和控制的依据。因此，企业集团这一以母子公司为核心的网络组织，应该是一个更大的关系资源平台。只不过处于集团网络的不同层次，其扩散和融合的资源并不完全相同，但最终结果应是网络的每个成员都可以从网络资源的扩散中获得有价值的资源，并且通过资源的融合与再造形成新的有价值的资源。只有这样，才能实现网络系统整体利益的最大化，才有可能使集团保持长期竞争优势。这正如波特所指出的：公司的竞争优势源自整个业务活动间进行的战略性整合。这种整合会实际地降低成本，或增加差异化，因而不仅是形成公司竞争优势的关键，也是建立持续的竞争优势的根本之道。

2.财务资源是企业集团培育和开发战略资源的物质保障

企业资源中满足价值性、稀缺性、不可模仿和替代性标准的资源被称为战略资源，只有基于这些战略资源建立的竞争优势才是持久的竞争优势。因此，不断开发和培育新的战略资源成为企业维持可持续竞争优势的前提。因此，隐藏在企业资源背后的企业配置、开发和保护资源的能力，是企业竞争优势的深层来源。

企业资源包括财务资源和智力资源，两者进行区分的主要标准是资源是否可以进行货币化度量。从财务的角度看，可货币化度量的财务资源是财务报告中唯一可以披露的资源。这一特点导致人们将财务资源视为企业唯一的资本，或者说资本成了财务资源的代名词，因此，才有了"资本雇佣劳动"或是"劳动支配资本"的争论。但是自舒尔茨和贝克提出"人力资本"概念以来，资本的同质性假设已被打破，资本开始泛化为资源的代名词。资本不再仅仅局限于传统意义上的财务性资本，而且拓展到人力资源、关系资源、结构资源等智力资源。我们继承这一传统，在本书中将资源和资本等同起来。

在工业经济时代，财务资源是决定企业发展的关键资源，但进入知识经济时代以来，智力资源的重要性逐渐超过财务资源成为企业的关键资源。黄亚生通过研究发现，中国第一代企业家的受教育程度远高于不是企业家的同龄人，并把中国经济发展水平优于印度的原因归结为中国基础教育水平高于印度。考虑到智力资源的形成一般是以财务资源的投入为前提的，因此，目前人们日益重视两者的共同作用。蒋琰和茅宁指出，智力资本与财务资本的耦合作用是企业价值创造的源泉：企业绩效既来自财务资本的投入，又源于智力资本的价值转化，两者相互耦合，作为一个整体的动态系统来创造企业价值。

由于财务资源缺乏异质性，使得企业单纯依赖财务资源进行价值创造具有很大的风险；而由于智力资源的异质性特征，使得通过财务资源和知识性资源之间的网络系统所进行的价值创造有较好的规避风险的作用，这表现为智力资源在企业中的重要性日益增加。布莱尔的研究表明美国非金融类公开上市公司在 1998 年的公司价值中，与智力资源相关联的比例高达 70%。国内的研究也表明智力资源与企业绩效和竞争优势存在明显的相关性。智力资源是企业创造价值和维持竞争优势的源泉，但财务资源投入是智力资源实现升级和创新的基本条件，或者说财务资源和智力资源的耦合是企业获取长期竞争优势的基础。

和单体企业相比，企业集团具有资源规模上的优势，这使其可以放大财务资源和智力资源的耦合效应。同时，由于财务资源具有同质性特征，因而更容易被集中和共享。企业集团的股权联结也使其更易保持战略的稳定，这使企业集团可以保持对智力资源持续的高额投入，也使企业集团具有更强的战略资源与开发能力。

可见，在企业集团网络中，财务资源既可以通过与智力资源的耦合成为集团价值创造的物质保证，又可以通过在母子公司间建立资本联结为智力资源在集团网络中的流通搭建物质通道。同时，集团网络中财务资源关系的法律制度也是集团网络保持长期的稳定性和实现有效管理控制的法律依据。

二、产权理论

产权理论是公司治理理论的核心，同时也是财务治理和财务控制的理论基础和法律依据。

（一）产权理论与财务治理

企业契约理论将企业视为一个拥有剩余索取权的"中心签约人"，在企业理论的研究基本上被定格为剩余索取权应如何安排，后来强调企业的"不完全合约"性质的格罗斯曼和哈特等人也只是增加了对剩余控制权的阐述。其后，"剩余控制（决策）权和剩余索取权的匹配"就成为产权理论的主流框架。根据这种理论，如果能使决策者承担其决策的经济后果，那么决策者通过追求自己的利益、最大化自己的收益，就会做出有效率的决策。因此，企业所有权应是剩余控制权和剩余索取权的统一，而剩余控制权和剩余索取权的正确结合，是所有权激励的关键。

产权理论并没有对财产所有权和控制权进行区分，实际上是把财产所有权定义成了实施控制权的权力，这明显和实践中的财产所有权和使用权分离的现状不符。张维迎区分了财产所有权和企业所有权，认为财产所有权与产权是等价概念，都是指投资者实际投入的那部分资产或生产要素的所有权；而企业所有权指的是对企业的剩余索取权和剩余控制权。从这个角度而言，一个企业的股东不仅拥有企业的剩余索取权，通常还拥有企业的控制权。由于企业契约理论的不完备性以及企业经营环境动态变化的影响，企业的剩余控制权通常无法分配给企业的股东而是属于企业的经营者。

财权是产权在企业财务中的反映，财务治理是由财产所有权和使用权的分离引起的。由于两权分离和企业各利益相关者在利益上的固有冲突，使得企业财权在不同利益相关者之间的配置方式和配置状态成为一种重要的财务制衡机制，这一制衡机制对公司治理效率有着决定性的影响。因此，财务治理就是通过财权配置在企业各利益相关者之间的不断调整来协调他们之间的利益冲突，以提高公司治理效率的一系列动态制度安排。

由于财产所有权和企业所有权的天然联系，财务治理也成为公司治理的核心问题。公司治理的主要功能就在于实现公司权、责、利的有效配置，在这三个要素中，权利的配置是前提，公司治理结构建立的基础是公司权利的配置。而在公司各种权利中，财权是一种最基本、最主要的权利，因为公司的各种经营活动最终都要通过资本和资产的相互交换或转移加以完成并在财权上有所体现，因此，应当建立以财权配置为中心的公司治理结构。由于公司治理结构以财权配置为中心，而财务治理是从财务角度来研究公司治理问题的，财务治理作为公司治理最主要的组成部分，它研究的主要内容是财权配置。所以，财权配置是财务治理的核心，而财务治理则是公司治理的核心。

财务治理从两个方面影响公司治理：形成特定的财务结构（或资本结构）和形成一种财务激励与约束机制。在既定的制度框架下，资本结构是企业财务治理结构的基础和依据，企业财务治理结构是资本结构的体现和反映；资本结构的选择在很大程度上决定着企业财务治理效率的高低。

（二）财务治理与财务控制

财务控制解决的是将派生于财产所有权的法律控制权转化为现实的、强有力的控制权这一重要问题，以实现比市场和竞争对手更有效的资本配置决策。从这一意义来说，财务控制是指在企业的官僚等级结构中上级依照相关法规、制度和契约从财务角度对下级实施的控制，主要包括审批下级提出的预算方案，监督下级预算的执行情况，以及对下级的业绩做出评价并进行奖惩。财务控制应用的基础是配置企业财务资源的财务契约，包括股权契约、信贷契约、报酬契约等。或者说，财产所有权为财务控制提供了权力和法律保障。

在现实中，企业中支配资源的权力有两个基本来源：财产所有权和关键资源占有权。尽管根据现实经济和法律制度的规定，控制权原始和直接的来源是财产所有权，但从决策效率的角度看，关键资源（知识和信息等）是有效行使控制权的基础。这界定了企业中控制权的最终拥有者和日常行使者，实务中体现为以所有权为基础的公司治理和以经营权为基础的公司管理的分离。一般来说，公司治理层次上财务方面的事务和运行机制设计可以划入财务治理范畴，而公司管理层次上财务方面的事务和运行机制设计则属于财务控制范畴。

我们认为这种区分很有道理但过于详细，按照人们的一般理解，前两个层次是常见的划分方法，而经理财务显然可以和经营者财务合二为一。所以，我们一般从出资者和经营者两个角度来理解财务控制。

对于企业集团来说，财务控制问题由于其委托代理链条的拉长而显得更为复杂。由于企业集团的管理边界超越了企业的法律边界，从而使其财务控制涵盖了单体企业一般意义上的财务治理与财务控制。或者说，企业集团的财务控制包含了财务治理的内容。并且，对于企业集团来说，其对子公司财务治理层次的财务控制的重要性远远超过对子公司日常经营层面的财务控制。

三、竞争优势理论

（一）企业资源与竞争优势

1. 竞争优势来源的三种观点

竞争优势的来源一直是企业战略管理研究的重要问题。按照波特的观点，竞争优势是指一个企业能够以更低的成本提供同样的价值或以同样的成本提供更高的价值。波特通过对产业吸引力和企业定位的分析，提出产业的发展前景和产业内部五种竞争力态势决定了一个产业的吸引力，并在很大程度上影响着企业的盈利能力，因此，企业通过对产业的有效选择和在产业中的恰当定位就能获得竞争优势。资源基础论则认为企业是一系列难以模仿的资源的集合体，资源的差异导致战略的差异，并进而决定企业的竞争能力，如果企业能够以"异质性"资源为基础实施竞争对手难以复制或模仿成本很高的价值创造战略，企业就具有了竞争优势。核心能力理论认为企业是各种能力的集合体，具有价值性、稀缺性、难以模仿性和不可替代性的企业能力是企业的核心竞争力，它是企业长期积累的关于如何部署其资源与能力的学识，是企业竞争优势的来源。

当把资源看作"企业控制的所有资产、能力、组织过程、企业特质、信息、知识等，它是企业为了提升自身的效率和效益而用来创造并实施战略的基础"时，资源基础论、能力基础论和知识基础论实际上并不构成根本性的矛盾。巴尼将企业资源划分为物质资源（自然技术、工厂和设备、地理位置、原材料等）、人力资源（培训、经验、判断力、智力、关系等）和组织资源（制度、结构及团体间的非正式联系等）。一般认为，核心竞争力是企业持久竞争优势的来源，核心竞争力来源于企业能力，企业能力是以企业资源为基础的，而"知识为本的观点是资源为本思想的本质"。因此,企业资源是持久竞争优势的根本来源。

2. 竞争优势来源三种观点的比较

波特认为企业的盈利能力取决于行业的利润水平(市场结构)及企业在行业中的相对地位(定位效应)。企业的竞争优势来源于企业能够以低于竞争对手的成本开展一些必需的"活动",或者企业能够以独特的方式开展一些能为顾客创造价值的"活动"(这种观点也被哈默尔继承和发扬)。

波特的定位学派认为企业的竞争优势来源于企业通过对外部环境(市场环境)的分析和以此为基础的正确定位(选择正确的战略),但鲁梅尔特在1991年的实证研究发现,同一行业中的企业之间利润差异远远大于不同行业中的企业之间的利润差异。这一发现推翻了传统产业组织理论中市场结构决定盈利能力的论断,也使人们认识到定位学派过于重视企业外部因素,尤其过于重视行业效应和竞争状况,而忽视了企业自身的能力,由此促使重视企业自身能力研究的资源/能力学说的产生。

资源/能力学说认为企业独特的资源和能力是企业竞争优势的基础。企业应最大限度地培育和发展企业独特的战略资源,并培养优化配置这种战略资源的独特能力(核心竞争力)。核心竞争力的形成需要企业不断地学习、超越和创新,需要企业不断积累适合企业需要的战略资源。只有核心竞争力达到一定水平之后,企业才能通过一系列的组合和整合形成自己独特的、不易被模仿、替代和转移的战略资源,才能获得和保持持久的竞争优势。而且,资源/能力学说并不否认产业分析的重要性,认为企业能力只有在产业竞争环境中才能体现出重要性。

"层次说"认为,企业竞争力是指在竞争性市场中,一个企业所具有的能够持续地比其他企业更有效地向市场(消费者,包括生产性消费者)提供产品服务,并获得盈利和自身发展的综合素质。基于此,认为企业竞争力包括五个方面的基本含义,本文总结认为它们分别是:竞争性(在竞争性市场中),效率性(通过较高的生产率),福利性(能同时增加消费者价值和企业价值),持续性(并非偶然),综合性(非单一原因)。在企业竞争力的来源问题上,"层次说"的答案是可以把企业竞争力的要素分为四类,或者四个层次,即:关系、资源、能力和知识。我们可以近似地将这里的"关系"理解为企业所处的外部环境,而将"资源、能力、知识"理解为企业自身素质。"层次说"认为,四类要素在内涵上不截然排斥,在外延上也会有所交叉,但存在较清楚的逻辑关系,形象地说,"知识居于竞争力因素的最里层,能力、资源处于较外层,关系处于最外层。"

可以看出,三种竞争优势学说更像是竞争优势学说发展的顺序过程:位置说强调企业通过对产业的有效选择和在产业中的恰当定位来获得竞争优势;资源/能力学说认为企业独特的资源和能力是企业竞争优势的基础,但并不否认产业分析的重要性,只是偏重于通过企业内部来寻找竞争优势的来源;层次说显然是以上两种学说的综合,只是区分了企业内外部不同的因素在形成竞争优势过程中的重要性。这样说并不是认为层次说只是两种学说的一个简单综合而没有什么意义，相反，我们认为层次说让我们对影响企业竞争优势和战略制定的因素有了一个较为清晰的认识，而且这显然更符合人们的思维逻辑。

（二）配置效率、生产效率与竞争优势

基于资源的企业观认为，企业之所以存在是因为在不完全市场条件下的要素（资源）所有者可以通过加入企业组织获取比市场上其他要素所有者更高的收益（经济租金）。企业的经济租金是指企业创造的总收益在支付所有成员的参与与约束条件后的剩余，是企业总收益减去各要素所有者参与企业的机会成本后的余额，它相当于经济学中的超额利润或净利润。企业的经济租金可以分为三类：基于市场垄断的张伯伦租金、基于稀缺资源的李嘉图租金和基于创新的熊彼特租金。其中，前者产生于垄断性的市场结构，定位理论是其代表；后两者则来源于企业自身的资源或能力，企业资源论是其代表。

从长期来看，企业获取的租金有动态演化的特点。首先是具有企业家精神的创业者或革新者，通过汇集各种资源形成某种独特能力而获得熊彼特租金。其次，企业由于获得了一定的先发优势，能够在以后的成长过程中形成优越的资源搜寻能力，从而有利于企业获得某些稀缺资源以创造出李嘉图租金。或者是企业在实践中逐渐创造出特有的资源，进而成为产业和市场的标准，形成或提高产品市场的进入壁垒，使企业获得市场垄断租金。在这一过程中，跟进者会通过不断创新来破坏企业现有资源优势并不断侵蚀企业竞争优势。为保持和获得租金，企业就必须不断进行破坏式创新，根据市场环境运用企业家能力重新开发和组合资源，这样经济租金的来源又回到熊彼特租金。可见，企业可持续经济租金的创造是一个从熊彼特租金到李嘉图租金再到市场垄断租金的循环往复过程。在这一过程中，企业不断将自身的资源和能力进行升级，从而与产业和市场保持动态适应，以便企业得以保持其长期竞争优势。实践已证明，没有任何竞争优势是可以永远存在的。

和经济租金的分类相对应，张维迎区分了配置效率和生产效率，认为前者是指如何使资源由边际生产率低的产业、企业、地区流向边际生产率高的产业、企业和地区，从而促进社会的经济增长；后者则是指同样的资源在同样配置下怎么能够带来更高的产出。在张维迎看来，中国经济过去20多年的高增长主要来自资源配置效率的提高，但随着时间的延续，配置效率的潜力越来越小。他认为再有十年或稍长一点的时间，我国基于配置效率提高而驱动经济增长的潜力就近于耗竭，经济的增长就要依赖生产效率的提高。刘伟认为我国在20世纪90年代之前的经济增长中，资源配置效率对经济增长的贡献超过了技术进步因素；但在21世纪，随着配置效率带来的效率增加将趋于稳定，增长效率的提升越来越依靠技术进步。可见，生产效率主要依赖创新、依赖技术进步，正如熊彼特的主张：创新是经济增长的原动力。

但必须注意的是，创新面临着很高的风险：创新的失败率很高。熊彼特等人因此特别强调"企业家"的作用，即认为他们对未来准确的判断可以降低这一风险。创新的高失败率也导致创新需要一定的前提，如创新者应该有承担风险的能力，这也是国家和大企业在

创新体系中扮演重要角色的原因。从这个意义上来说，成功的创新获得高额回报是理所应当的，这也是很多经济学家呼吁允许符合条件的创新者可以在初期通过较高的价格获取较高报酬，而不应受反暴利法约束的理由。

对于一个企业而言，也存在以最优方式配置资源的"配置效率"和创新以创造独有资源的"生产效率"。这两者又是相关的：企业资源的价值表现为需求性、稀缺性和可获得性三个方面交互作用的结果，即一项资源为顾客所需、难以被竞争对手模仿并且其创造的利润能为企业所有。显然，创新所导致的企业资源的独有和稀缺是企业资源具有价值的基础，而合理配置企业的资源才能带来超额收益。对于"理性参与者利用完美信息，通过在市场上做出充分利用竞争的选择，产生最优的配置效率"，某学者在评价时指出，尽管这一观点在理论上行得通，但由于"完美信息"在现实中基本不可能实现，所以"除非所有的交易成本都被内部化了，否则配置效率是不可能发生的"。或者说，配置效率的实现是有限制的，其效用也是有限的。正如蒂斯所指出的：在充分竞争的市场上，竞争优势只能来自不可交易的资源所有权极其成功的利用。需要注意的是，影响企业资源价值的因素是不断变化的，企业因此需要通过"创造性毁灭"不断去创造新的竞争优势。

需要强调的是，竞争优势的建立应该基于企业对未来内外部环境变化的预期，依赖企业能否有效地经营和迎合不断变化的市场需求。从这个意义而言，竞争优势的获取依赖企业针对未来的投资——企业战略。企业需要以战略为导向，坚持长期的投入，以便及早准备，在未来竞争中处于优势地位。近年来，对契约理论的一个批评也在于其可能导致的一个后果：对量化的效率标准（如利润等）的重视"会鼓励一种关于什么是公司最好行动计划的短视观点"。因此，从资源论和战略角度研究财务控制还是必要的。

（三）企业集团的竞争优势

随着经济全球化的加快，企业面临着更激烈的市场竞争，也使企业的发展具有更大的不确定性，人们开始关注企业间资源配置方式的多样性制度安排。企业间网络、联盟网络、虚拟组织等网络组织的不断发展，在很大程度上扩展了企业的生存空间与发展环境，模糊了科层组织与市场组织的交叉边界，使企业获取要素资源的途径和取得竞争优势的方式也相应发生了变化。企业间关系与企业群整体优势成为理论研究和实践中的热点。

作为网络组织的一种，企业集团的整体优势也日益被人们重视，如规模经济、范围经济和协同优势等。从资源论的角度来说，这些优势的获得是以企业资源的利用和积累为基础的：支撑其最初业务的资源是企业成长的基础；随着企业的成长，企业的资源和能力逐渐有了一定的剩余，这些剩余能力成为企业扩张的基础；同时，在企业的正常经营或扩张过程中，也常常产生新的资源，充分利用这些新资源的企图往往又导致了企业新的扩张。扩张一般是沿着地理、产品市场和垂直整合三个维度逐步展开的。需要注意的是，企业拥有的许多富有价值的资源都是异质或者深深嵌入企业内部，这使得企业很难出售或出租自己的剩余能力。即使一些资源可以分割，也可能由于较高的交易成本和资源的独特性，使得这些资源在当前的环境中比在其他条件下具有更多的价值。对于这些不可移动资源，企业只能把它们保留在企业内部，并尽可能地把这些资源应用到新的业务领域，以追求范围和协同优势。当然，很多时候企业也可能为了抓住某个良好的发展机会，选择从外部获得自身缺乏的某种资源，或者在企业内部有目的地培育、开发所需的资源。

在科利斯和蒙哥马利看来，公司战略就是公司通过协调和配置（构造）其在多个市场上的活动来创造价值的方式，公司优势来自有效的公司战略。

格兰特认为战略是将公司的资源和能力与外部环境中出现的机会匹配。和蒙哥马利相比，格兰特区分了资源和能力，强调了组织能力对于公司战略选择和形成竞争优势的重要性。蒙哥马利和格兰特都认为企业集团优势的直接来源是集团战略。也就是说，企业集团的优势就是基于资源优势基础的集团战略优势，这也是企业集团和其他松散企业网络的重要区别。

尽管集团总部本身也能通过较低的资源成本等途径创造出一些价值，但大部分的集团优势都是在业务单位层面上实现的，即单个业务单位可以利用集团从属关系的好处在某一具体产业取得比竞争对手更好的绩效。波特指出，多元化公司并不互相竞争，竞争发生在各业务单位之间。因此，集团战略要成功，前提是它能提供业务单位有形的利益，增加它们的价值，并抵消其因为丧失独立性所衍生出来的成本。因此，企业集团的宗旨就是要发挥集团的资源整合优势与管理协同优势，实现整体资源配置的秩序化和高效率，以确立并不断拓展市场的竞争优势。

第二章　大数据时代概述

数据管理是利用计算机硬件和软件技术对数据进行有效收集、存储、处理和应用的过程，其目的在于充分、有效地发挥数据的作用。数据管理技术的发展先后经历了四个阶段，即人工管理阶段、文件系统阶段、数据库阶段、面向应用的数据管理阶段。大数据之所以能被称为革命性的现象，是因为它标志着人类社会从信息时代、经由知识时代快速向智能时代迈进。智能时代的特点是：无处不在的计算机和网络将像人一样，通过自动化的决策，为人类提供服务；管理将更加精确、智能，人与人之间的合作、任务之间的对接会更加精准，国家和社会的运行成本将会越来越低。

一般意义上，大数据是指无法在可容忍的时间内用传统 IT 技术和软硬件工具对其进行感知、获取、管理、处理和服务的数据集合。大数据与"海量数据"和"大规模数据"的概念一脉相承，但其在数据体量、数据复杂性、产生速度和潜在的价值四个方面大大超出了传统的数据形态，也超出了现有技术手段的处理能力，带来了巨大的产业创新的机遇。

最早提出"大数据时代"已经到来的机构是全球知名咨询公司麦肯锡。2011 年 6 月，麦肯锡在题为《大数据：创新、竞争和提高生产力的下一个新领域》的研究报告中指出，数据已经渗透到每一个行业和业务职能领域，逐渐成为重要的生产因素；而人们对于海量数据的运用将预示着新一轮生产力增长和消费者盈余浪潮的到来。数据科学家维克托·迈尔 - 舍恩伯格指出，世界的本质就是数据，大数据将开启一次重大的时代转型。知名 IT 评论人谢文在维克托《大数据时代：生活、工作与思维的大变革》一书的代序中提到，大数据之所以可以称为一个时代，在很大程度上是因为这是一个可以由社会各界广泛参与、八面出击、处处结果的社会运动。

步入这个时代，我们的生产、经营、生活等人类活动乃至万物变化等所有的信息都会留下数据痕迹，最为关键的是，新的信息技术，包括目前的云计算技术，可以将这些大量、高速、多变化的数据方便、有效地存储下来，并能随时进行分析和计算。因此，每个人、每个组织都将参与数据的生产、分享和应用。大数据将像公路、铁路、水电、通信网络一样不可或缺，逐渐成为现代社会基础设施的一部分。

一般而言，大数据是指数据庞大且结构复杂，增长速度快但价值密度低，短时间内难以用现有的软件进行数据处理的数据集。大数据的产生意味着人类对数据驾驭能力提出了新的挑战，也为人们获得更为深刻、全面的洞察能力提供了前所未有的空间与潜力。在商业应用中，人们将大数据作为一种分析预测方法并关注分析结果的商业潜力。事实上，大数据既包含了"海量数据+复杂数据类型"的成分，也包含了分析应用的成分。根据数据来源不同，大数据可以分成科学数据和社会数据两大类。目前，人们关注的重点主要是社会数据。大数据给中国经济的发展带来新的机遇，只有抓住生产方式转变这一关键因素，才能解决发展方式转变的深层次矛盾。未来，大数据将激发巨大的内需增量，建设智慧城乡，密切机构和个体的联系，促进社会进步。大数据产业将形成新的增长点，数据业务主营化带来各行各业的转型升级。用信息生产力与先进生产方式带动发展方式和经济运行机制的转变，可以引导和激发消费，从而引发产业的巨大变革。2015 年 8 月 31 日，《促进大数据发展行动纲要》（国发〔2015〕50 号）的出台，标志着大数据发展和应用的顶层设计正式出炉。大数据成为推动经济转型发展的新动力，将深刻影响社会分工协作的组织模式，促进生产组织方式的集约和创新。

第一节　大数据的内涵

一、大数据的含义及特点

（一）数据的演变

数据的演变是一个渐进的过程，它不是简单地由一种形式代替另一种形式，而是一个由简单到复杂的各种形式相互包容、不断丰富的过程。数据的发展分为三个阶段：第一阶段是数据的产生，数据作为一种计量工具与技术相融合，充分体现了其精确性和实用性特征；第二阶段是科学数据的形成，数据除作为计量工具外，也成为认识事物的基础和依据，并融入自然哲学的研究方法之中，使定量研究成为自然科学的基本研究范式；第三阶段是大数据的诞生，数据成为一种重要的社会资源，影响着整个社会的发展进程，大数据也为社会科学提供了定量研究方法，实现了数据与社会科学的结合，基于数据的社会管理、服务应运而生。

（二）大数据的含义

大数据概念中的数据，是指具有可追踪、可分析、可量化特性的数据，而对这个意义上的"数据"进行挖掘和分析、依据数据做出商业决策、利用数据提升竞争力则是大数据产业要做的事情。大数据价值链的三个构成部分是基于数据本身的公司、基于技能的公司和基于思维的公司。麦肯锡认为，大数据是指其大小超出了典型数据库软件的采集、存储、管理和分析等能力的数据集。该定义包含两方面含义：一是符合大数据标准的数据集大小是变化的，会随着时间推移、技术进步而增长；二是不同部门符合大数据标准的数据集大小会存在差别。大数据的本质是彻底打破了各利益主体之间的信息不对称，让各方的连接更有效率。大数据将逐渐成为企业的核心资产，虽然其暂时未被列入企业资产负债表，但这只是时间问题。大数据的核心并不仅仅在于大容量，还在于对大量数据的整理分析和挖掘，从而创造出新的价值。

（三）大数据的特点

目前主流观点一般基于大数据的特征来解读其内涵，比如 D.Laney 将其概括为 "3Vs"，即海量（Volume）、快速（Velocity）和多样（Variety）：海量如今是数据爆炸的时代，从线上到线下，数据获得的广度和深度都得到大大的拓展。快速——企业获取、分析和使用新数据的速度快，大数据不仅产生速度快，而且数据分析的速度也必须与之匹配；多样——大数据的来源和形式丰富多样，大数据可以分为结构化、半结构化和非结构化数据，来源包括社交网络、移动设备、传感器等等。

未来企业的经营也不再是过去的业务驱动，而是变为大数据驱动的经营管理。也有学者将大数据特点概括为 "4VS"，除了前面三个特征外，还包括价值巨大（Value）的特征，即通过在商业领域运用大数据技术，对低价值密度的海量数据进行数据挖掘和分析，从而实现广泛的商业价值。

二、大数据产业的概念、分类及特点

（一）大数据产业概念

广义的大数据产业即信息产业，主要是与数据相关的服务的硬件制造、软件研发、软硬件相结合的网络工程建设、数据采集加工和相关数据服务；狭义的大数据产业指数据采集、加工与相关服务业，主要对大量数据进行采集、加工、处理转化为顾客需要的数据产品的产业。

（二）大数据产业分类

目前对于大数据产业的分类并没有统一规定，依据不同角度可以总结为以下几种：

1. 二分法

二分法主要依据占有大数据的情况，分为大数据产业和大数据衍生产业。大数据产业主要指自身生产数据或者获取数据的存储、分析、应用类产业。大数据衍生产业主要指从事大数据产业所需要的基础设施和技术支持类产业。

2. 三分法

三分法主要依据数据的营销模式将大数据产业分为如下三类：

①数据内容业：以信息为主要产品，可以关联到社会的各个领域，指从事数据的存储、采集、加工、传播等基本数据服务的产业群体，如档案室、情报部门、各大数据中心等。

②数据服务业：指用专业的知识和技能给顾客提供策略，以解决问题的服务，如数据

以及数据库的咨询、数据库建立以及升级、系统的创建和升级、增值网络服务等。

③数据软件、硬件制造业：指从事数据相关的基础设备和软件的研发与制造的行业。

3. 五分法

五分法按照产业的价值模式分为大数据内生型价值模式、外生型价值模式、寄生型价值模式、产品型价值模式和云计算服务型价值模式。

（三）大数据产业的具体特点

1. 产业数据资产化

在大数据时代，数据渗透到每个行业，逐渐成为企业资产，也成为大数据产业创新的核心驱动力。自身生产数据的互联网企业具有得天独厚的优势，其可以利用丰厚的数据资产，挖掘数据的潜在价值，洞察用户的信息行为，推动产业利用数据实现精准和个性化的生产、营销和获利模式。

2. 产业技术的高创新性

创新是大数据产业发展的基石。面对海量数据，企业如何有效地获取数据、存储数据、整合数据和服务用户。其需要不断革新大数据产业技术，具体来讲，包括对大数据的去冗降噪技术、高效率低成本的大数据存储与有效融合技术、非结构化和半结构化数据的高效处理、适合不同行业的大数据挖掘分析工具和开发环境、大幅度降低数据处理、存储和通信能耗等技术的不断优化和创新，为用户提供高效、高质量、个性化的服务。

3. 产业决策智能化

大数据产业在推动企业决策智能化发展中起到领头羊的作用。首先是产业自身决策智能化的发展，其次是为行业决策智能化提供数据、技术与管理平台。随着大数据产业的发展，分布式计算的大数据推动生产组织向中心、扁平化、自组织、自协调方向演化，促进劳动与资本一体化，并且在决策过程中极大地克服人类的有限理性，推动决策朝着智能化、科学化的方向发展。

4. 产业服务个性化

Monetate 公司的调查报告显示，与未利用数据分析的企业相比，投入并分析数据的企业增长率为 49%，而通过可量化的个性化实现在线销售额的增长率为 19%。因而，基于数据的分析成为大数据产业提供个性化服务的重要工具。这些产业通过数据挖掘用户的兴趣和偏好，针对个体需求开展个性化订制与云推荐业务，提升产品服务质量，满足用户更高级别的需求，以获得更高的经济收益。

第二节　国内外企业应对大数据的战略

一、IBM——大数据可视化

近些年来，IBM一直致力于大数据的前瞻研究，有自己的数据管理系统、数据仓库、Hadoop System、Stream Computing 流计算、信息整合管理平台这一整套的大数据技术，其中数据可视化功能是 IBM 的一个重大突破，即分析工具生成的信息以可视化形式呈现在用户而前，给用户非常强烈的直觉判断。

数据可视化技术指的是运用计算机图形学和图像处理技术，将数据转换为图形或图像显示出来，并进行交互处理的方法和技术，其本质是从抽象数据到可视化结构的映射。可视化分析方法，主要包括可视化查询、链接分析、路径分析、群集分析、社会网络分析等分析算法与分析工具。

未来 IBM 在大数据可视化与商业化研发的三大工作方向：一是从结构化、半结构化、非结构化的音频和视频当中抽取特殊数据，即语义分析和语境分析，来帮助企业进行决策和分析；二是将分析得出的结果以可视化的方式让业务用户更易于理解；三是可视化与地理位置信息相结合，如在港口监控所有船只时，一旦出现异常情况，工作人员通过可视化软件就能更准确地判断现实情况，并得出解决方案。

二、Facebook——通过大数据精准定位客户群

Facebook 一直是大数据技术最积极的应用者和开拓者，因为它拥有的数据量极其巨大。目前，Facebook 在全球有 9 亿用户，其中日常活跃用户达 5.26 亿，每天会采集到 500+TB 的数据。面对大量的数据，Facebook 会根据海量用户的使用习惯做数据挖掘，然后对用户进行"画像"，更精准地把握用户需求和广告主的需求。Facebook 大数据技术被广泛应用在广告、新闻源、消息聊天、搜索、站点安全、特定分析、报告等各个领域。

海量数据处理的第一步就是归类，将用户发表的评论、上传的图片、音乐、视频这些碎片化、非结构化的数据进行分析，使其集结、归类成结构化的数据信息。第二步是要将这些结构化的数据进行解读，挖掘数据背后的潜在意义。每当用户登录 Facebook 时，Cookie 会一直驻留在用户的浏览器中，从此用户的浏览行为、浏览页面的关键字会被记录，通过对关键字和上传信息的持续分析，Facebook 很容易得知用户的爱好和近期需求。再加上对用户朋友圈的分析，可以获得用户的教育、工作、收入、地理位置等诸多内容，这种挖掘和解读往往比个人主动填写的信息还要全面、真实。为了更便捷、更真实地获得用户的资料，Facebook 发布了一款大数据新产品——"时间线"（Time line），它是一个用户

可以进行自我编辑的个人时间轴，即记录个人生活故事的应用。Time line 通过帮助用户创建个人的时间线和电子传记这一形象化的工具，进行用户数据捕获、存储，将 Facebook 的数据收集工作带入历史领域。而一旦拥有了这些历史数据，Facebook 就如同一个和你从小一起长大的人，对你的一切了如指掌。用户留下的数据越多，Facebook 就越了解用户，投放的广告就会更加精准。

三、Google——用大数据做预测

Google 就是大数据时代的开拓者，Google 的大数据技术架构一直都是全球互联网企业争相学习和研究的重点。在市场研究中，Google 所提供的大数据分析主要包括客户情绪分析、交易风险分析、产品推荐、客户流失预测、法律文案分类、电子邮件内容过滤、政治倾向预测、物种鉴定等多个方面。Google 用大数据做预测的具体应用如下。

其一，基于 Map Reduce（映射化简模式），Google 提供了包括数据存储、数据分析、日志分析、搜索质量以及其他数据分析应用。

其二，基于 Dremel 系统（在线可视化系统），Google 推出其强大的数据分析软件 Big Query，它也是 Google 自主开发的一个云数据分析引擎。Big Query 引擎可以快速扫描高达 70TB 未经压缩处理的数据，并且可马上得到分析结果。该服务能帮助企业用户在数秒内完成万亿字节的扫描。

其三，Google 的趋势图应用。通过用户对搜索同的关注度，很快了解社会上的热点是什么。对广告主来说，它的商业价值就是很快知道用户现在关心什么，他们应该在什么地方投入广告。这可以帮助广告客户分析和评估其广告活动的效率，再利用 Google Analytics 可全面掌控营销投资回报率。Google 的大数据平台架构仍在演进中，追求的目标是更大数据集和更快、更准确的分析与计算，这将进一步引领大数据技术发展的方向。

四、阿里巴巴——大数据下的新 C2B 模式

阿里巴巴集团董事局主席马云表示中国正在从 IT（Information Technology，信息技术）时代走向 DT（Data Technology，数据技术）时代，阿里巴巴未来十年的目标是建立大数据时代中国商业发展的基础设施。大数据时代经济社会发展的基础设施，不再仅仅是铁路、公路和水电煤，还包括建立在互联网上的各种大数据基础设施服务。在大数据背景下，阿里巴巴将致力于更底层的数据层面，提供更多的数据原料、数据半成品或成品的服务。

阿里巴巴集团已将大数据升级为公司战略：一方面，它服务于阿里巴巴集团目前和未来的业务目标，如已有的电子商务平台，正在开展的小微金融服务和未来的基于数据的宏观经济预测；另一方面，阿里巴巴的大数据战略有其强大的 IT 资产和基础设施支持。

阿里巴巴作为中国最大的电商企业，已经通过所掌握的数据以及分析成果，去指导这些生产线的研发、设计、生产、定价。用户的搜索浏览、驻留时间、商品对比、购物车、

下单、评价数据被全程记录，同时用户的个人资料，如性别、地域、年龄、职业、消费水平、偏好、星座等被搜集。这时阿里巴巴可以对用户进行交叉分析、定点分析、抽样分析、群体分析，基于这些分析结果得出市场需求趋势，再通过地域和时间分析指导生产线。如不同季节不同物品的产量和不同地域不同产品的库存，适时调整生产、销售、推销策略。

阿里巴巴已经启动了数据共享计划，将它们沉淀的行业数据分享给厂商，从价格分布、关键属性、流量、成交量、消费者评价等维度建模，挖掘出功能卖点、主流价格段分布、消费者需求、增值卖点等来指导厂家的研发、设计、生产，并可以将这种模式复制到更多厂家，让他们去承包生产线，引入更多厂商。这是一种用户不知不觉参与其中的C2B模式，可以总结为"大数据定制"。

它既帮助厂家更好地满足用户的需求，也有助于帮助厂家减少库存、提升销量。这种C2B模式的C是全网用户，所以就不再需要兴师动众地组织团购，组织投票，组织调研。未来这种基于大数据的C2B模式将会从小家电扩展到服装、家居以及一些日用品。除承包生产线之外，阿里巴巴还会尝试其他的一些大数据C2B定制模式，如有偿提供大数据成果或定制服务给一些厂家、其他电商卖家或普通互联网。

第三节　大数据在企业管理中的应用

如今数据已经成为一种商业资本、一项重要的经济投入，可以创造新的经济利益。在商务管理领域，随着大数据的日益兴起和全方位的发展，相关实践和研究均日益呈现出一些具有重要意义的变化趋势。

一、社会化的价值创造

在大数据的背景下，产品的生产和价值的创造日益走向社会化和公众参与。随着社会信息产生与传播方式的变化，企业与消费者间的关系趋向平等、互动和相互影响。由互联网用户创造的信息和数据形成了互联网海量数据的重要来源。同时，以往"闭门造车"式的管理模式正在被摒弃，企业通过与网民群体的密切互动，主动引导网民群体参与其业务流程管理中的创意、设计、生产、质量保证、市场推广、销售和客户关系管理的关键环节，并根据网民群体的互动反馈完成产品优化与创新，实现企业与网民群体的协同发展。

二、网络化的企业运作

企业的运作及其生态正日益走向网络化和动态化。现代企业的生产管理与商务决策在很大程度上依赖于社会媒体、网民群体、上下游合作企业以及竞争对手所构成的"网络生态系统"，并逐渐呈现出纵向整合和横向联合的两种新发展趋势。在纵向整合方面，大规模企业群体以供应链为纽带紧密联系起来，分工协作、互利共生，从而实现供应链向价值链、向网络生态链的转变；在横向联合方面，网络化商务模式改变了企业组织之间的竞争模式，使得地理上异地分布、组织上平等独立的多个企业，在谈判协商的基础上能够建立密切合作关系，形成动态的"虚拟企业"或"企业联盟"，这种新型组织形式能够实现企业资源的优化、动态组合与共享。

三、实时化的市场洞察

企业对市场的理解和洞察需求正日益走向实时化和精准化。快速积累的海量数据，为企业营销带来前所未有的机遇。在网络条件下，企业能够记录或搜集顾客在各个渠道（如社会化、移动化的媒体与渠道）、生命周期各个阶段（顾客产品感知、品牌参与、产品购买、购买后的口碑和社会互动）的行为数据，从而设计出高度精准、绩效可高度定量化的营销策略。随着时代的发展，消费者异质性也在不断增大，这种异质性体现在消费者购物、交友、阅读等生活方方面面的兴趣偏好的不同。大数据为个性化商业应用提供了充足的养分和可持续发展的沃土，基于交叉融合后的可流转性数据以及全息可见的消费者个体行为与偏好数据，未来的商业可以精准地根据每一位消费者不同的兴趣与偏好为他们提供专属性的个性化产品和服务。

（一）有助于企业洞察消费行为

成功的品牌离不开对消费者行为趋势的分析，而基于大数据的市场调研和数据分析是了解消费者行为的第一步。大数据环境下的预测模式，已经摆脱了所谓的市场调研及随机采样的方法，而是基于全部数据，通过对大量数据的整理、分析，从中发现推动企业快速发展的预测模式。通过对顾客信息及消费反馈进行挖掘分析，以此来反映顾客对产品的真实态度，并从中获取客户对产品的诸多要求和建设性意见，从而洞察消费者的行为，并根据这些反馈性意见企业将产品进行重新定位。

（二）有助于企业发展潜在资源

在企业的实际生产经营中，由于资源是有限的，必须合理配置已有的资源，使有限的资源发挥出最大的效用。因此有必要在准确掌握原始数据的基础上，对其潜在价值进行深入挖掘；然而大数据技术在挖掘数据隐藏信息、提取有用价值方面有其独到之处。首先对企业运营中大量原始数据进行预处理，并以图表的形式展现出来，然后利用大数据技术挖掘出其潜在价值；或先通过大数据技术进行分类初步分析，然后再对所得信息进行交叉验证分析，通过多级分析挖掘出数据潜在商业价值，使得信息的利用实现最大化。

（三）有助于企业升级产品

大数据的核心是建立在相关关系分析法基础上的预测分析，通过对顾客大量消费数据的分析、判断，可以准确预测到顾客的行为偏好及行业未来的发展趋势。在此基础上对本企业的产品进行改进，以适应、迎合广大消费者的偏好。同时，根据未来行情及消费者偏好，可对企业产品生产有一个前期规划，对各流程不合理之处加以改进或调整，为企业实际运营中遇到的难题提供解决方法，以触发企业新的价值增长点。

（四）有助于企业经营管理

通过大数据，我们可以发现企业生产经营中的一些很细小的、平时容易忽略的信息，但是往往这些不起眼的信息中却蕴含着极其有用的商业价值。比如大数据的独到之处在于其通过分析、处理可以发现不同数据之间所隐藏的关联性，也就是企业不同产品、不同部门之间存在的隐形关联或交叉重合之处，并能够以此为基础，在企业战略规划、产品的运营推广上提供保障，为企业破除臃肿机构、合并相关机构提供依据及思路。

（五）有助于企业拓展业务

在企业生产经营中，可以利用日常所收集的有关产品、业务的大量企业运营数据，尤其是社交信息及有关客户消费倾向的数据，通过大数据技术的分析处理，从而找出未来企业业务的增长点，以此帮助企业及时拓宽自己的业务范围，或开发新的业务活动，摒弃那些没有市场前景的业务。同时，可对分析、提炼出的看似不相关的信息放在一起进行交叉验证分析，通过数据的多级综合分析为用户提供精细化服务。

（六）有助于企业科学决策

大数据环境下的数据分析、决策过程是基于全部数据而言的，可提供决策过程所需要的所有原始材料，成熟的分析方法可以挖掘出数据背后所隐藏的信息，能够实时修正决策过程，不会受主观因素的干扰，从而使决策风险控制在最小。对于企业销售来说，可根据其产品实时销售情况，动态调节库存量和产品价格。有时对于企业管理层来说，可通过智能手机或安装在商品中的传感器，实时接收消费者的体验数据，在真实数据支撑下，通过分析企业面临的市场环境对其未来发展做出合理的规划。

第四节　大数据给企业带来的机遇与挑战

一、技术挑战

企业在应对处理大数据的各种技术挑战中，对于以下几个问题应引起高度重视。

（一）大数据的去冗降噪技术

大数据一般都来自多个不同的源头，而且往往以动态数据流的形式产生。因此，大数据中常常包含有不同形态的噪声数据。另外，数据采样算法缺陷与设备故障也可能会导致大数据的噪声。

（二）大数据的新型表示方法

目前表示数据的方法，不一定能直观地展现出大数据本身的意义。要想有效利用数据并挖掘其中的信息或知识，必须找到最合适的数据表示方法。

（三）高效率低成本的大数据存储

大数据的存储方式不仅影响其后的数据分析处理效率，而且还会影响数据存储的成本。

（四）大数据的有效融合

数据不整合就发挥不出大数据的大价值。大数据的泛滥与数据格式有很大关系。

（五）非结构化和半结构化数据的高效处理

据统计，目前采集到的数据有 85% 以上是非结构化和半结构化数据，而传统的关系数据库技术无法胜任这些数据的处理，因为关系数据库系统的出发点是追求高度的数据一致性和容错性。以 MapReduce 和 Hadoop 为代表的非关系数据分析技术，以其适合非结构数据处理、大规模并行处理、简单易用等突出优势，在互联网信息搜索和其他大数据分析领域取得了重大进展，已成为大数据分析的主流技术。

（六）适合不同行业的大数据挖掘分析工具和开发环境

不同行业需要不同的大数据分析工具和开发环境，应鼓励计算机算法研究人员与各领域的科研人员密切合作，在分析工具和开发环境上进行创新。

（七）大幅度降低数据处理、存储和通信能耗的新技术

大数据的获取、通信、存储、管理与分析处理都需要消耗大量的能源。

二、运用大数据技术的挑战

从系统的方面讲，从操作系统到数据库，再转变到数据服务平台，在大数据时代，传统开发工具已经不能适应时代的发展，大数据管理及处理能力将引领网络发展，社会计算将引起应用模式的变革，新的工业革命正在以一种全新的形式悄然出现。目前，大数据技术的运用仍存在一些困难与挑战，主要体现在大数据挖掘的四个环节中，具体内容如下：

（一）数据收集方面

要对来自网络包括物联网和机构信息系统的数据附上时空标志，去伪存真，尽可能收集异源甚至是异构的数据，必要时还可与历史数据对照，多角度验证数据的全面性和可信性。

（二）数据存储方面

要达到低成本、低能耗、高可靠性目标，通常要用到冗余配置、分布化和云计算技术，在存储时要按照一定规则对数据进行分类，通过过滤和去重，减少存储量，同时加入便于日后检索的标签。

（三）数据处理方面

有些行业的数据涉及上百个参数，其复杂性不仅体现在数据样本本身，更体现在多源异构、多实体和多空间之间的交互动态性，难以用传统的方法描述与度量，处理的复杂度很大，需要将高维图像等多媒体数据降维后度量与处理，利用上下文关联进行语义分析，从大量动态而且可能是模棱两可的数据中综合信息，并导出可理解的内容。

（四）结果的可视化呈现

目前，尽管计算机智能化有了很大进步，但还只能针对小规模、有结构或类结构的数据进行分析，谈不上深层次的数据挖掘，现有的数据挖掘算法在不同行业中难以通用。

三、大数据可用性的挑战

确保数据可用性是一项十分困难的任务。考虑到大数据的数据量大、数据产生速度快、数据类型复杂、价值大密度低等特点，确保大数据可用性将变得难上加难。大数据可用性有如下五个挑战：

（一）高质量大数据获取与整合的理论和技术

高质量数据的获取是确保信息可用性的重要前提。海量数据的来源多种多样，数据形态千差万别，质量参差不齐，加工整合困难。

（二）完整的大数据可用性理论体系

如何形式化地表示数据可用性？如何从理论上判定数据可用性？如何定量地评估数据可用性？数据错误自动发现和修复的理论依据是什么？数据和数据质量融合管理的理论基础是什么？数据如何演化？若没有一个完整的数据可用性理论体系，这些问题是无法回答的。

（三）数据错误自动检测与修复的理论和技术

现有的数据可用性的方法和系统缺乏坚实的理论基础，不能实现自动地错误检测和修复。

（四）弱可用数据上的近似计算的理论和技术

当数据中的错误不能彻底修复时，这些数据称为弱可用数据。直接在弱可用数据上进行满足给定精度需求的近似计算，不失为一个有意义的选择，遗憾的是现有的理论与算法无法支持弱可用数据上的近似计算。

（五）弱可用数据上的知识发掘与演化的机理

大数据的可用性问题必然导致源于数据的知识的可用性问题。当数据完全可用时，从正确的大数据中发掘知识以及从数据演化探索知识演化机理的研究已经很困难。当数据弱可用时，弱可用大数据上的知识发掘与演化机理的研究将更加困难。

二、风险挑战

大数据技术在很大程度上缩短了数据处理的时间，提高了财务信息使用效率，加强了企业财务预算管理的能力，改善了内部控制环境，强化了风险管控意识，促使财务人员进一步转变角色，极大地提升了企业财务管理的信息化水平。与此同时，也带来了财务管理内涵、管理机制以及管理技术和信息安全等方面的变革和挑战。

（一）财务管理的价值内涵发生史化

大数据时代，企业的财务管理理念也发生了根本性变化。传统的财务管理模式主要集中于票据核算、报表分析和记账预算等工作，在大数据技术的发展和影响下，财务管理内涵逐渐扩大，逐渐渗透到业务部门，甚至整个行业，开始在海量资料中收集、提取分析和处理财务数据，为生产、研发、销售和流通等领域提供更有决策性、价值性的财务信息。此外，随着信息资产日益成为企业重要的生产要素，财务部门也从初始的服务性、辅助性职能部门向集财务风险管理、成本控制、融资等于一体的综合性管理部门转变。这一方面有利于财务信息和非财务信息的高度整合，保证资金流稳定，实现与物流的对接，另一方面也扩大了财务管理对象的范围，增加了数据收集和处理的难度，加大了财务管理工作量，对财务人员提出更高要求，其能否转变传统管理理念，树立战略性思维，提升业务能力，打破数据边界，扩展财务信息处理的深度和广度，则成为企业竞争中取胜的重点。

（二）财务管理机制和组织结构变革

财务数据是企业进行财务管理的基础和核心，它通过对企业的资金收支情况的详细记录，反映企业的经营状态，并在充分处理和分析前提下，识别企业的财务风险，为企业进一步决策提供依据。在大数据时代，由于财务信息收集和处理的复杂性，在很大程度上给企业财务管理机制带来了挑战。主要体现为两个方面：

一是财务数据规模膨胀，收集和处理的难度增大。大数据背景下财务数据的来源较广，且类型复杂多样、变化速度快，如何进行数据收集和整理，并有效分类和处理成为管理机制的新难题。

二是财务信息与业务信息的融合，延伸了管理广度。财务数据不仅要关注传统的会计信息，更要将各业务部门、各行业、社会各方面的信息纳入数据体系，造成财务管理工作量加大，有待于进一步创新财务管理方式予以解决。此外，由于大数据技术的影响，财务部门内部分工日益精细，在组织结构调整上也将带来重大变革，以明晰岗位需求和人员责任，为财务管理水平的提高创造条件。

（三）财务管理的技术难度增加

在信息化时代，大数据的多样性和复杂性为企业财务管理掌握更多的信息，提高数据的处理效率带来了机遇。但与此同时，大数据本身的规模巨大、类型多元和价值密度低等特征也对企业财务信息的管理和技术水平要求提出了挑战。主要体现在两个方面：

一是财务数据来源广，结构复杂，信息收集和挖掘技术难度大。大数据时代，财务数据打破了国家、行业以及地域等方面的限制，来源渠道更加多元，且呈现网络化和层次性特征。语义、语态等方面的变化也导致数据结构更加复杂，如何在巨量的数据资料中收集和挖掘财务信息还需要进一步提高技术水平，向更加动态、智能化的分析方法发展。

二是大数据的价值密度低，信息准确性不高，在财务数据的辨别上技术要求提高。

财务数据的真实性和准确度在很大程度上影响企业的战略决策和发展方向，若不能辨别财务数据的真伪，则很难在市场竞争中获得主动。大数据的价值密度低，对企业的财务管理技术提出了更高要求，需要创新分析工具，运用新技术手段解决这一难题，为企业决策提供依据。

（四）财务管理信息的安全性降低

对于传统的财务管理来说，对财务数据的使用和处理一般采用实名制，需要验证个人信息才能进入系统、应用数据，通过使用痕迹可以实现用户追踪，因此财务数据的安全系数极高，被成功窃取的概率较低。

在大数据时代，由于互联网等技术的广泛应用，财务数据具有来源丰富、类型复杂多样的特点，加之开放使用、更新速度快、环节增加，不仅容易造成信息失真，更给企业财务管理的安全性带来风险。主要体现在两个方面：

一是用户信息获取更简单。大数据时代，用户在应用互联网、电子信息设备等收集、使用数据的过程中，也无形中部分泄露了个人的关键信息，数据供应商很可能"钻空子"，给企业造成财务风险。

二是财务信息破解的难度降低。大数据的使用使得财务信息流互动频率增加，在交易过程中很容易造成源代码的流失和密码破解，加之企业防火墙等信息软件更新速度慢，导致企业财务管理信息的安全性降低，亟待创新安全工具和防护软件，严密维护企业财务信息安全。

第三章　企业财务管理与大数据的关系

第一节　企业财务管理的现状

一、我国国有企业财务管理现状分析

我国的国有企业有其特殊的历史地位，建国初期通过一系列的政策措施，建立起与高度集中的计划经济体制相适应的一种企业，与之相适应，国有企业财务管理模式也是完全模仿苏联，不可否认，这一模式对于奠定国民经济发展的基础、争取经济独立、维护国家主权等，起到了重要作用。1963 年前后，我国财务理论界打破了苏联财务理论框架的束缚，以"企业资金运动论"代替了"货币关系论"，之后又提出了"价值分配论""财富事务及生产关系论"。20 世纪 80 年代以来，伴随着改革开放，又提出了"财务职能论""本金投入及收益论""所有者——经营者财务论"等，但由于长期"政企不分"的"二元经济结构"国有企业在实践中逐渐暴露出高度垄断、产权不清、政企不分、管理混乱、过度依赖财政等诸多弊端，国有企业经营机制还没有实现根本性转变，国有企业财务负担依然沉重，市场经济体制要求政府必须重新变革国有企业的财务管理体制，以适应现代市场经济竞争的需要。从根本上解决好以下几个方面的问题是极为必要的。

（一）国有企业财务分析方法不科学

旧体制下，大多数国有企业只重视生产、销售规模的扩大化，追求企业利润的增长，单纯注重企业财务结果，没有把企业财务管理作为国有企业管理的重要手段。国有企业财务管理人员形成了财务管理无足轻重的观念，而在现代社会，企业财务管理活动，尤其是财务决策分析已不局限于对财务信息进行简单的会计核算，而是已提升到财务战略高度。当前，国有企业财务分析方法亟待改进完善，财务分析人员参与企业管理的意识不强，"财务分析报告缺乏严谨性、有效性和针对性，严重脱离实际操作，缺乏将分析结果用于提高国有企业组织效率的能力"。比如对无形资产进行投资决策分析时，前期缺乏科学的投资预期回报分析，相关信息收集不够真实全面，或决策者缺乏足够的判断力，则有可能导致投资失误，给企业带来投资风险，导致巨大的经济损失。

（二）国有企业财务管理人员综合素质较低

随着社会主义市场经济的不断完善，企业财务管理理论在实践中不断创新，这就要求国有企业的财务管理人员不仅要精通会计理论和知识，熟悉企业财务管理活动，还必须具备较强的信息收集能力、判断能力、分析能力、综合决策能力等。而一些国有企业，特别是跨国国有企业的财务管理人员的整体素质不高，财务知识老化，还没有掌握现代财务管理知识，"既缺乏掌握知识的主动性，又缺乏创新精神和创新能力"，严重制约了企业财务管理活动适应市场经济发展的需要。加上国有企业长期处于政府庇护之下，缺乏风险意识，大多数国企财务管理人员尚未建立起诸如资金的使用效率、时间价值、风险价值、边际成本、机会成本等科学概念。伴随着社会经济活动的网络化，信息的传播、处理和反馈的速度加快，财务管理人员的风险意识淡薄，不能适应环境的发展变化，加大了企业的决策风险，还有一些国有企业在追求高利润的动机驱动下将资金大量投放在高新技术产业，进一步加大了企业的投资风险。随着网上银行的兴起和电子货币的出现，"信息和资金安全问题"也对跨国国有企业的财务管理活动提出了新的挑战。

（三）国有企此财务管理制度风险依然存在

目前，我国部分国有企业财务管理仍然不能适应社会主义市场经济的要求，国有企业财务管理制度风险依然存在，具体体现在以下几个方面：一是国有资产管理不善，资产损失浪费严重。由于国有企业风险管理意识淡薄，购置、使用、处置国有资产中存在大量浪费现象，盲目购置、设备购置后废弃、闲置浪费、盲目投资、设备利用率不高等现象屡禁不止，导致国有财产遭受损失；二是财务管理制度体系不健全，造成了财务管理活动中的死角与盲区。由于历史原因，国有企业内部财务管理岗位设置不尽合理，分工不清，职责不明，特别是会计核算和管理过程中的不相容职务没有实现有效分离；加上国有企业的体制性障碍，不能吸引最优秀的财务管理人员加入，致使国有企业的财务管理制度建设严重滞后；三是财务管理职能弱化。国有企业对财务管理重要性的认识不够，多数人认为财务工作仅仅是记账、算账，保障、管理资金的收付，发布企业财务信息等，而财务管理部门的决策分析、资金预算、成本控制、投资预算以及对生产经营过程的管理监督等职能都没有得到充分有效地发挥。

（四）国有企业财务管理监督机制不健全

当前，国有企业面临来自三个层面的监督：一是政府层面，包括税务、银行、工商部门的监督；二是社会层面，包括会计师事务所、审计师事务所、社会公众等；三是国有企业内部，包括纪检委、董事会、内部审计委员会等。三个层面的监督体系设置虽较为完备，但仍存有较大缺陷，如政府层面的监督有强制性但缺乏经常性；社会层面的监督缺乏强制性，约束力不足；企业自身的监督机构在企业内部地位较低，往往不能先于问题的发生而发现问题，具有滞后性。可见，由于国有企业内部、外部之间的错综复杂关系，三个层面的监督无法实现有效地结合，更不能实现对国有企业财务管理活动的全方位监督。当前，很多国有企业都没有建立内部财务监控机制，或者监督制度一大堆，但是普遍存在执行不到位、监控制度变形等不合理现象。

（五）国有企业财务管理信息化程度降低

信息大爆炸的时代，国有企业的财务管理活动必须要快、准、全地掌握第一手信息资料，对其进行合理甄别，提炼出有用信息，进而做出合理的判断预期，有效防范企业的经营风险、财务风险。目前，我国许多国有企业财务管理的信息化建设还停留在初级阶段，虽然有的大型国企硬件设施和员工业务基础较好，但是能真正实现信息化整体建设，并且利用信息化为企业创造经济效益、提升组织效率，进而实现经济价值最大化的国有企业并不多。因此，在这种情况下，国有企业财务管理信息化进程更显紧迫，推进信息化建设势在必行。

（六）国有企业财务管理的外部风险加大

随着国际竞争力的不断增强和"走出去"战略的逐步实施，我国正日益成为重要的对外投资国。企业跨国经营需要在全球范围内配置生产资源，经营环境复杂多变，这些都决定了国有企业跨国经营所需要的财务管理活动与国内有明显不同，必然存在本身的特殊性和规律性。同时在具体实践层面上还存在着许多问题和困难，面临诸多特殊的理财问题及现象，包括国有跨国企业在当地的理财环境、政治风险、外汇政策、汇兑风险、税收因素、通货膨胀风险及其他不确定性因素等。

目前，我国大多数国有跨国企业经营短期化现象严重，不能从全球战略角度出发优化资源配置，局限于追求短期利润，各分公司间的资金调配、管理和协调缺乏一致性，不能集中优势资金对重大的投资项目进行投入。更为严重的是，一些国有企业的海外子公司获利之后，母公司却无力将资金收回国内或投往第三国项目上，国有资金严重失控。再者，经济全球化日趋发展使得世界经济紧密联系，市场竞争日益激烈，经营环境的剧烈变化，使得投资于某地的子公司的财务风险有可能波及母公司，导致母公司的倒闭、破产。因此，信息的及时性和风险的可控性对国有跨国企业的生存和发展至关重要，必须及时掌握和发现子公司的财务风险，采取有效的应对措施，防止殃及企业（集团）整体运行安全。另外，我国国有跨国企业越来越多地涉及国际结算、国际性财务分析、国际性企业兼并和破产清算等方面。在管理实践中，如何统筹兼顾，做好国有跨国企业的内部财务风险控制和评价同样是国有企业当下面临的严峻挑战。

张平认为"基于我国的基本经济制度、庞大的国有企业基础、国有企业在经营状态上的先天不足、经济转轨阶段国有企业经营困难的显性化，以及这种困难存在的广泛性和强烈的连锁反应性，加上现行财政制度中潜在的风险诱因，使我国国有企业财务风险有可能从市场主体的个别风险转化为公共风险，再转化为财政风险"。我国国有企业的现代企业制度还不完善，和大多数欧美国家的企业相比存在相当大的差距，尚处于一个艰难的创业时期，财务管理制度缺乏创新，诸多不合理的障碍严重束缚着我国国有企业财务治理的效率以及企业发展壮大的动力，必须加强对国有企业财务管理的监控。

二、我国民营企业财务管理现状分析

（一）家族式管理普遍存在

目前我国多数民营企业"家族化"管理现象比较严重，主要表现为"家族"和"亲缘化"特征，企业的投资者也就是企业经营者，企业领导者集权现象严重，"家长制""一言堂"现象普遍存在。这主要是因为我国民营企业的绝大多数都是从个体户起家，逐渐积累发展起来，或直接由家庭成员投资兴办或参股合资开办的家族式企业，其所有权归一个或少数几个投资者所有。当企业生产经营规模扩大，企业部门较多时，企业的早期创始人就想把自己的人安插到企业的要害部门之中，以达到自己利益的最大化，结果造成企业内讧，人心不稳，凝聚力涣散，使得企业缺乏前进的动力。

家族企业的创始人多数是非财务人员，对企业财务管理理论缺乏应有的认识和研究，现代财务管理理念严重贫乏，会计法规意识淡薄，缺乏对财务信息的有效取舍，导致财务信息不能为决策提供有效帮助。具体表现为企业的重大经营事项不经集体讨论、对投资的可行性和长远筹划缺乏科学合理的企业财务分析、企业经营决策程序简单、盲目投资等，产生的恶果往往造成资金的流失和企业效益的持续降低，导致民营企业陷入财务困境的恶性循环。这一不合理现象存在的根源在于民营企业没有建立起现代企业治理结构，民营企业内部产权关系不清晰，直接导致财务管理主体不明确，致使企业内部职责不分、财务管理混乱、财务监控不严、会计信息失真等。

（二）融资困难

融资难、担保难仍然是制约民营企业发展的瓶颈之一。这是因为：①民营企业的筹资渠道狭窄和筹资方式单一。鉴于中国的资本市场建设尚不健全的客观现实，虽然目前我国已经初步建立了多元化的融资体系，但现有的融资市场还是不能完全满足民营企业发展的需要。当下，深圳证券交易所设立了中小板和创业板市场，但由于门槛较高，不可能成为民营企业的主要融资渠道，对绝大多数民营企业来说仍然不能解决问题；②虽然国家有政策优惠向民营企业倾斜，但由于民营企业先天发展不足及受传统观念和行政干预的影响，使之长期处于市场竞争的不利地位，没有享受到完全"国民待遇"，缺少专门为民营企业贷款服务的金融中介机构和贷款担保机构；③受前期紧缩货币政策影响，金融危机使得金融监管机构加强了对贷款的安全监管，银行金融机构对中小企业贷款采取了更为谨慎的态度，提高了民营企业的融资门槛、融资成本，更加剧了民营企业融资的困难；④长期以来，民营企业缺乏健全的内部控制制度，会计信息失真现象严重。加上信用等级低，担保体系尚不健全，缺乏足够的固定资产和可以担保的其他资产。而个别民营企业拖欠贷款的现象，在一定程度上也影响了民营企业的整体形象，再加上信息不对称和道德风险等市场固有缺陷，使得银行等金融机构对其经营业绩、财务状况难以做出有效判断，造成对民营企业的贷款不够热心。以上诸多不利因素导致民营企业融资困难，严重阻碍着民营企业的进一步发展壮大。

（三）风险管理意识淡薄

一般而言，民营企业典型的管理模式是所有权与经营权的高度统一，企业的所有者同时就是企业的经营者，企业领导集权现象严重，这就使得企业决策带有很大的主观性、随意性，缺乏规范的、科学的、具有可操作性的财务分析，具体表现为内部控制风险意识淡薄、投资缺乏科学论证等。内部控制风险意识淡薄具体表现为民营企业内部现金管理不严、应收账款控制不力、存货管理混乱、原始凭证和会计记录不规范、责任制度不健全、缺乏有效的内部监督部门等。投资缺乏科学论证具体表现为企业经营者大多凭自己的经验进行项目决策，缺乏科学的投资理念，缺少对企业财务的可行性论证和科学分析，企业财务人员不能参与到企业的投资决策，致使投资方向往往难以把握，投资失误也就在所难免，甚至面临破产危险。

（四）没有建立起规范的公司法人治理结构

民营企业多为家族控股企业，虽然企业中某些负责人可以通过社会招聘来选用，但企业中掌握最上层决策权的总经理一般还是由企业家兼任。由广东商学院经贸学院课题组所做的一项调查显示：由"其他家族成员、亲戚或朋友"及"个人企业主"负责企业经营活动的企业占到 72.08%，仅有 27.92% 的民营企业的经营活动由"外聘经理"负责。由此可见，大多数的广东民营企业仍然进行家族式经营，家族式经营是企业的主要组织形式，大多数民营企业的所有者和经营者并没有分离，广东民营企业所有权和治理权集中的现象比较普遍。

林雨晨认为"企业所有者因为害怕融资而导致的所有权百分比的稀释，财务管理上也相对保守，一般来讲不利于企业承担大的投资风险，从而丧失进一步发掘自身发展空间的机会"。能否从传统家族制企业成功实现向现代公司制企业转型，让规范的公司法人治理结构起主导作用，是中国民营企业提升竞争力的突破所在。2010 年的国美电器股权之争，不啻为一部精彩的"好莱坞"大片，为中国民营企业的职业经理人制度、所有权与经营权分离，乃至民营企业治理结构整体的走向必将产生深远影响。

（五）民营企业运营风险、财务风险加大

市场经济环境的复杂变化使民营企业运营风险、财务风险加大，特别是在我国加入WTO 后，宏观经济环境和市场的影响因素越来越多，国内许多民营企业遭遇的国际竞争压力增大。我国的民营企业中超过 90% 都是中小企业，金融危机给我国中小型企业，特别是民营企业的生存和发展带来了严峻考验，主要表现为企业成本上升、效益大幅下滑，

加上民营企业自身抵抗风险能力有限，内外部危机的冲击将民营企业拖入财务困境的深渊。不能忽视的事实是，民营企业面临发展难题，尤其是企业财务制度不健全，没有建立起有效的财务风险预警机制，严重制约着民营企业的进一步发展壮大。

三、企业财务管理的总体现状

（一）财务管理理念陈旧

大多数企业在生产经营过程中过分关注利益最大化，使得经营者更重视生产和销售等业绩，而疏于对企业的管理，特别是对财务部门的管理。在这样的环境下，企业的财务部门一般都是直接执行经营者的命令，而缺乏在财务数据中提取对于企业的决策有价值的信息的能力。同时，传统的企业财务管理更重视有形资产，轻视无形资产对于企业的价值及其决策意义，从而在很大程度上限制企业在大数据时代下的发展运营。

（二）财务信息的质量不符合要求

处于信息化高速发展的时代，大多数企业仍然存在对于财务管理的信息化核心地位认识不到位的现象，没有意识到对海量数据集合的整理、分析及对其有价值信息的提取的巨大价值所在。传统的会计电算化并不是财务管理的信息化处理手段，财务管理的思维和模式需要及时更新及变革。在实践中，一部分企业财务管理基础薄弱，缺乏进行集中管理的财务管理理念，财务管理体制分散，因此，很难对企业的资产进行有效的管理。而大数据时代的到来，给企业的财务管理带来了更大的挑战，传统的财务管理方式及理念在很大程度上影响了企业财务水平的提升。另外，我国财务评价体系局限于货币计量的财务指标，缺乏对影响企业竞争力的其他诸多因素的考虑，会计披露也难以保证及时性和层次性，难以满足财务信息使用者的要求。

（三）财务信息时效性差

网络化管理在我国起步晚，到目前为止，虽有部分大中型企业开始实施，但难以形成规模，再加上财务部门架构越来越复杂，财务管理流程越来越长，导致信息的沟通主要依靠人工，难以实现共享和企业资源的优化整合。从需求方面来说，专门设立财务管理机构的企业比较少，财务管理多与会计核算结合在一起，这就导致企业能够开展高层次财务管理的人才较少。财务管理专门人才的缺失随着企业规模的扩大弊端日显，企业对财务管理人员的需求量越来越大。从供给层面来说，由于监管的缺失，财务队伍的整体素质下降，财务人员的供给弱化。

（四）财务管理共享性差

企业要提升财务管理水平，进行信息化的财务管理，必须建立高效的财务管理系统，采取有效的财务管理信息化方式，建立高效的财务信息反馈方式。但是目前，我国大多数企业不具备自主创新精神，也不存在自主开发信息化财务管理软件的情况。同时，企业存在着信息不对称、不共享的情况，导致财务管理的低效率。财务会计部门与其他部门的信息往来较少，企业各部门间基于自身利益关系不会进行及时沟通；企业内部与企业外部没有形成统一的信息标准，导致内外部之间信息不匹配，信息及数据的传送、沟通不及时，这在很大程度上会影响企业的管理决策。

（五）财务决策见险意识淡薄

在大数据时代，企业面临更大的挑战与风险，对企业财务数据信息的处理、分析及反馈也提出了更高的要求。企业对数据进行披露后，若披露的内部信息与企业现有的外部信息存在着不对称、不充分等问题时，将会导致企业运营风险。同理，在企业的管理过程中，特别是对财务信息的管理，如果不能及时跟上大数据的发展步伐，不能及时应对变革，不能增加相应的危机、风险意识，则在很大程度上将会导致企业的危机。

因此，随着大数据管理、社交媒体、移动应用等数字新技术的快速发展，企业在创新管理思想、实施流程再造、完善经营模式、提升管理效率等方面取得了较好的成效。作为企业管理的重要组成部分，财务管理也迎来了创新性变革，主要表现在战略型财务、融合式财务、精益化财务、信息化财务等方面。财务管理的边界在不断拓展，与外部融合的趋势也日益明显。这种融合趋势不仅体现在财务与会计的融合、管理会计与财务管理的融合，还体现在财务管理与业务经营的融合、产业资本与金融资本的融合等新领域。为了适应大数据的发展，传统财务管理中的各个环节有必要进行相应的调整及变革，跟上大数据时代的步伐。

第二节　大数据时代下的财务决策的新思维

一、大数据在财务决策应用中存在的问题

（一）数据来源方面

要在财务决策中真正实现大数据技术的应用，必须大量收集企业及其相关部门各种财务和非财务数据。企业运营涉及工商、税务、财政、银行、会计师事务所和交易所等多个利益相关者，数据来源众多、渠道较多，需要一个长期的数据收集过程。同时，多方面数据来源易导致数据格式不一致，如 XBRL 标准、Excel 和 Origin 等数据软件都有自己的规定格式，难以兼容。这些问题将导致数据来源不足，使得分析结果存在误差，影响企业管理者及时准确地做出财务决策。因此，企业必须构建完整的数据源管理系统，建立相应的保障机制，保证企业数据收集工作能够长期持续地顺利进行。

（二）数据处理方面

数据处理是对原始的结构化、半结构化和非结构化数据进行分析、运算、编辑和整理的过程。目前最先进的大数据处理软件主要有 Hadoop、HPCC、Storm、Apache Drill、Rapid Miner 和 Pentaho BI 等。这些大多是分布式处理软件，对结构化数据的收集计算技术已经比较成熟，但对半结构化、非结构化数据的处理技术还存在一定的缺陷，无法将大量的非结构化数据与结构化数据进行有效的统一和整合。而目前企业财务决策对于非财务数据表现出更强的依赖性，因此，如何有效处理半结构化和非结构化数据是大数据在财务决策应用过程中要解决的重要问题。

（三）数据分析方面

数据分析是从众多复杂的财务数据和非财务数据中发现有价值的信息，通过提炼、对比等发现数据的内在联系，对未来数据变化进行分析、预测的过程。企业目前主要使用 ODS、DM/DW、CEP 等技术进行分析，非专业操作人员一般利用 OLAP 进行查询操作。然而，由于数据量的急剧增多和数据类型的复杂性，关系数据库已经无法满足需求，企业需要使用多维数据库来提高数据处理速度，促进自身业务发展。因此，如何建立满足企业财务决策需求的多维数据库以及相关维度的合理设定是当前大数据技术应用过程中亟待完善的问题。

二、大数据时代下的财务决策的新思维

大数据下的财务决策是基于云计算平台，将通过互联网、物联网、移动互联网、社会化网络采集到的企业及其相关数据部门的各类数据，经过大数据处理和操作数据仓储（ODS）、联机分析处理（OLAP）、数据挖掘 / 数据仓库（DM/DW）等数据分析后，得到以企业为核心的相关数据部门的偏好信息，通过高级分析、商业智能、可视发现等决策处理后，为企业的成本费用、筹资、投资、资金管理等财务决策提供支撑。在大数据的时代背景下，财务决策需要新思维的产生。

1.重新审视决策思路和环境

财务决策参与者及相关决策者在大数据的背景下依然是企业发展方向的制定者。但是大数据的思想颠覆了传统的依赖于企业管理者的经验和相关理论进行企业决策模式，拥有数据的规模、活性以及收集、分析、利用数据的能力，将决定企业的核心竞争力。而以前企业的经营分析只局限在简单业务、历史数据的分析基础上，缺乏对客户需求的变化、业务流程的更新等方面的深入分析，导致战略与决策定位不准，存在很大风险。在大数据时代，企业通过收集和分析大量内部和外部的数据，获取有价值的信息。通过挖掘这些信息，可以预测市场需求，最终企业将信息转为洞察，从而进行更加智能化的决策分析和判断。

2. 基于数据的服务导向理念

企业生产运作的标准是敏锐快捷地制造产品、提供服务，保证各环节高效运作，使企业成为有机整体，实现更好发展。企业不断搜集内外部数据，以提高数据的分析与应用能力，将数据转化为精炼信息，并由企业前台传给后台，由后台利用海量数据中蕴藏的信息分析决策。数据在企业前台与后台间、企业横向各部门间、纵向各层级间传输，使得企业运作的各个环节紧紧围绕最具时代价值的信息与决策展开。同样，大数据使得全体员工可以通过移动设备随时随地查阅所需信息，减少了部门之间的信息不对称，使企业生产运作紧跟时代步伐，在变化中发展壮大。在社会化媒体中发掘消费者的真正需求，在大数据中挖掘员工和社会公众的创造性。

3. 采用实时数据以减少决策风险

多源异质化的海量数据来源打破了以往会计信息来源单一、估量计算不准确的情况，使企业能够实时地掌握准确的市场情报，获得准确的投资性房地产、交易性金融资产等公允价值信息。同时，云会计对数据信息具有强大的获取与处理能力，且一直处于不断更新的状态。通过对市场信息的实时监控，可及时更新数据信息，从而保证会计信息的可靠性和及时性，有效避免由于信息不畅造成的资金损失。JCPenney 公司是一家服装公司，该公司采用大数据分析工具，实现了对企业内部流程的全面提升，包括全面实现价格优化和流程管理，灵活实现即时分析计算，缩短工作周期时间，提高数据质量和预算业务流程的效率，并利用数据分析工具灵活调整动态预测信息，将组织货源、定价优化以及供应链等环节整合在一起。这种方法使公司的毛利增加了五个百分点、库存周转率提高了10%，连续四年实现经营收入和可比商店销售额的增长，公司的经营利润也实现两位数的增长。

第三节　大数据引发的无边界融合式财务管理

一、大数据时代对财务管理的影响

大数据的"4V"特点对社会有着极大的影响，并且也使得社会做出深刻的变革，财务管理也随之发生一定的改变，财务管理利用大数据的特点找到自身新的创新驱动力。大数据时代来临时，财务管理不再仅仅局限于财务自身领域的一隅之地，而是可以渗透到各个不同的领域，其中包括研发、生产、人力资源、销售等不同的领域，可以说大数据时代的来临使财务管理的影响力扩大且作用范围也在不断增加。财务部门从原本的单纯的财务管理活动向数据的收集整理、处理分析方向转变，在未来财务部门的最大任务可能不再是对金钱和资产的单纯管理，而是向着对于各类与财务有关的信息分析的方向发展。具体而言，大数据对财务管理的影响主要体现在以下四个方面。

（一）大数据时代使财务信息的处理难度增大

大数据时代的来临使得各种信息以爆炸式的速度发展，并且信息的边界正在逐渐模糊，使得许多原本不属于财务信息但是的确会对财务造成一定影响的信息逐渐转化为财务信息，这就使得财务信息的数量变得更为庞大，并且种类也变得更加多样化。因此以财务信息为工作基础的财务管理工作变得相对困难起来，面对如此庞大且多样化的财务信息，财务信息的处理平台需要扩大并且其所涉猎的范围必须增加。

（二）大数据时代使得财务管理的广度与深度发生改变

在大数据时代下财务管理的管理范围被极大地扩大，除了原来的管理范围之外还管理着很多非财务数据包括销售信息、研发信息以及人力资源信息。这仅仅是财务管理的广度发生的变化，而在深度方面也发生着变化，其原本只是对大量的结构性信息进行管理，而在大数据时代下，财务管理还必须对一些非结构性信息进行处理与分析，并且因为大数据时代的信息质量较高所以要求财务管理分析的精准性也变得越来越高。

（三）大数据时代使得财务管理的效率得以提升

在大数据时代下，由于其财务信息收集的便利性和大数据对于财务数据分析的精准性，使得财务管理的效率得到了显著的提高，很多以往可能需要很久才能够收集并分析出的财务管理论证结果，在大数据时代下可能仅仅需要几个小时，这种几何倍的效率提升是有目共睹的。

（四）大数据时代使得财务管理的风险控制能力得以增强

在大数据时代的背景下企业在做重大决定时，可以通过对相关数据进行深度挖掘从而减少一些常识性错误以及可预估性错误的发生，从而使企业发生系统性财务风险的概率大大降低，并且由于大数据的存在也可以让企业对未来的预测变得更加精准。

二、大数据时代下的无边界融合式财务管理

（一）无边界独合式财务管理的含义

随着信息技术的进步和管理理念的发展，企业的内外部边界在不断扩展，财务管理的内涵和外延也在不断扩大。大数据时代，企业的所有部门都必须根据新环境的变化做出调整甚至变革，财务管理也不例外，将体现出多部门、多领域、多学科融合的特点。

企业根据产品和市场不同细分为多个业务单元，决策者如何有效地进行资源配置，很难通过经验来判断，最终还要依赖于数据分析。大数据是根据大量真实的最新业务数据进行计算预测，在加工处理信息上利用独特优势，能够有效进行数据挖掘，帮助企业根据自身需求定制财务决策支持系统，对企业进行科学合理的决策建议。借助大数据实现财务信

息与非财务信息的融合后，财务决策过程将更加科学合理，避免了单纯依靠财务信息决策带来的不可控风险。此外，大数据的便捷性也使得财务信息的提取更加智能化，充分挖掘潜在信息辅助决策，将资源更好地配置在优势增长领域，提高财务处理效率。

无边界管理理念最早由通用电气原CEO杰克·韦尔奇提出，该理论并不是指企业真的没有边界，而是强调组织各种边界的有机性和渗透性，以谋求企业对外部环境的改变能够做出敏捷并具有创造力的反应。无边界融合式财务管理是以企业战略为先导，强调财务以一种无边界的主动管理意识，突破现有工作框架和模式，在价值链的各个环节进行财务理念的沟通与传导，形成财务与其他各个部门的融合，促进企业整体价值可持续增长的财务管理模式。无边界融合式财务管理通过将财务理念渗透到生产经营的各个环节，使信息沟通能打破部门和专业的壁垒，提高整个组织信息传递、扩散和渗透的能力，实现企业资源的最优化配置及价值的最大化创造。

（二）打破财务管理的边界

根据杰克·韦尔奇的描述，企业组织中主要存在垂直边界、水平边界、外部边界、地理边界四种类型的边界，这四种边界将对组织职能的实现造成阻碍。要实现无边界融合式财务管理，必须打破财务管理的这四种边界，然而需要注意的是，此处提到的打破并不是指消除所有边界，而是要推倒那些妨碍财务管理的藩篱，具体内容如下。

1.打破财务管理的垂直边界

财务管理的垂直边界是指组织内部严格的管理层次。传统的财务管理组织架构普遍具有严格的内部等级制度，界定了不同的职责、职位和职权，容易造成信息传递失真和响应时间迟滞。无边界财务管理则要求突破僵化的定位，采用一种部门内部的团队模式，上下级之间彼此信任、相互尊重，力争最大限度地发挥所有成员的能力。此外，减少财务部门的管理层次、实现组织的扁平化管理、建立富有弹性的员工关系、营造创新的文化氛围等都是打破财务管理垂直边界的路径。

2.打破财务管理的水平边界

财务管理的水平边界是指财务部门与其他部门之间的分界线。现代企业的组织结构往往围绕专业来安排，如分成研发部、制造部、销售部、财务部、人力资源部等。在严格的水平边界下，由于每个职能部门有其特有的目标和方向，都在各自的领域内行使职责，久而久之各个职能部门可能会更多地考虑本部门的利益而忽视企业的整体目标，甚至会因为互相争夺资源而内耗不断。无边界模式下的财务管理则强调突破各个职能部门之间的边界，使财务部门与其他部门互通信息，实现企业价值链和财务链的同步。例如，构建不同部门间的工作团队、进行工作岗位轮换等都是对打破水平边界的有益尝试。

3.打破财务管理的外部边界

自20世纪早期以来，价值链上的大多数企业都一直从独立、分割的角度看待自己的地位，企业间更多的是斗争而非合作。然而如今，战略联盟、合作伙伴以及合资经营的发展速度大大超过了以往任何时候，企业单凭自身的力量已经很难在市场中竞争。作为企业信息管理最重要的部门，财务管理不能只局限于企业内部分析，还要将财务管理的边界进行外部扩展，实现价值链上的财务整合。如将相关企业的信息变动纳入财务管理系统，为产业链上的供应商和客户提供财务培训等帮助，与合作伙伴共享信息、共担风险。

4. 打破财务管理的地理边界

随着企业规模的扩大和全球化进程的加快，企业各个分部的地理位置越来越分散，财务部门的分散也随之形成。而作为整体战略和节约成本的需要，要打破各个地区的财务边界，形成新的财务管理模式—财务共享服务，将企业各业务单位分散进行的某些重复性财务业务整合到共享服务中心进行处理，促使企业将有限的资源和精力专注于核心业务，创建和保持长期的竞争优势。

（三）无边界融合式财务管理的创新

1. 价值链财务管理理念

在价值链管理体系当中，一个应用价值链会计管理的企业其实处在一个核心区域，以自身为中心向左右与上下延伸，上可以延伸到企业的最初供应商，下则到了最后总的企业客户，左延伸到了企业的事前决策，右延伸到了企业的事后评估。这种上下左右全范围的价值链理念会计管理会使得企业与价值链当中的企业共同获利实现一种双赢，而与此同时，也使得企业本身的事前决策与事后评估变得更加精准明确。在这里要说明的是，由于这种价值链理论的存在使得企业的营业目标发生了改变，原本企业的价值目标通常都是利润最大化为前提的，而如今却变为了价值最大化，这一转变对于企业而言尤其是中国企业而言是极为重要的。它能使企业在进行各类决策时多考虑其价值而非其利润，使得企业的目光更加长远而非局限于一时。这种价值链理念使得财务管理的职权范围得到了空前的提升，其从通常的内部管理变为了一种可以直接影响到企业决策的管理活动。

2. 企业财务融合下的财务管理体系

实际上价值链财务管理理念其本身就是一种促进企业财务融合的手段。业务和财务进行融合其本身并非是单纯地将财务人员派遣到业务部门，而是一种结合业务知识与人才培养来重新塑造财务体系与财务流程的方法，这是一种对业务全流程进行财务管理的手段，这样的手段一方面可以降低财务风险的出现，另一方面企业在做决策时可以通过企业财务联动来获取相关的管理信息，从而做出更加精准的决策。总体来说，企业财务融合包括业务流程的全面财务管理，公司决策的企业财务信息提供以及合理有效的绩效考核机制。

三、无边界融合式企业财务融合下的财务管理体系

业务和财务的融合不是简单地将财务人员分派到业务团队中，而需要以企业前期充分的信息化建设和人才培养为前提，在价值文化的指导下重塑财务流程，对业务全程进行财

务管理，通过企业财务联动为管理层提供决策支撑，在合理有效的绩效考核体系下对企业财务团队进行监督和激励，使所有的活动都贯穿价值文化理念中，最终确保企业战略目标的实现。

（一）以价值文化为先导的目标融合

企业的财务管理目标经历了从利润最大化、股东价值最大化向企业价值最大化的演变。企业财务融合模式下，企业所有的管理活动仍要以价值最大化为目标，将战略管理与财务管理紧密结合，更加注重财务目标的高度和远度。财务文化作为财务管理的文化精髓，在管理实践中所显现的导向、凝聚、激励、约束、协调、教化等作用，是推动财务管理进步的强劲动力。在价值最大化目标下，财务文化也应凸显价值观念。因此企业要以价值文化为驱动，在业务活动和财务活动中都以追求价值为目标实现融合，使企业财务融合对公司战略推进和业务发展的决策支持与服务功能得以充分发挥。

（二）以全业务流程企业财务联动为纲领的流程融合

企业财务融合最主要的特点就是将财务触角深入到公司经营的各个方面，因此需要重塑财务流程，实现全业务流程的企业财务联动，保证业务信息和财务信息的及时转化。在业务流程中，预算是一切活动的开始，预算与业务流程的融合能够制定出更切实可靠的预算方案；收入是业务流程的核心，通过梳理各个业务环节所涉及的收入点并绘制收入风险地图，能够监控收入全程，保障收入实现；成本管控与业务流程的融合则更能体现精益财务的思想，借助信息系统能够对成本发生点进行监控，并及时调整资源的分配；资产是一切经营活动的基础，资产管理与业务流程相结合能够获取更详细准确的资产使用和需求状况；风险控制与业务流程的融合则更加满足了全面风险管理的要求。从预算管理、收入保障、成本管控、资产管理、风险控制等多角度出发，能够全方位管理企业经营活动，为管理层提供决策支撑，成为企业财务价值管理和风险防御的有力保障。

1. 预算管理

企业财务融合下，企业应将预算管理建立在提升企业价值的基础上，建立基于价值链的全面预算管理体系。首先，要求以战略为导向，将具有长远性和综合性特征的战略目标层层分解，落实到具体的业务规划以及具体的责任中心和经营期间，使战略目标具有可操作性。其次，预算管理要紧紧围绕价值活动中的增值活动，寻找增值作业的关键驱动因素，将企业关键资源配置给增值作业。再次，预算管理不仅要覆盖价值链中的每个环节，更要体现不同活动之间的业务逻辑，强调业务驱动预算，从而实现预算的闭环管理。最后，预算管理要适合企业的经营环境和价值链上的各项活动的动态变化，并及时修正预算或业务活动，保证战略目标的顺利实现。

2. 收入保障

收入是企业价值实现的源泉，收入保障是围绕流程和数据进行监测、分析、控制、改进的一系列活动，找出业务流程、系统功能、组织架构等方面可能导致收入流失的风险点，并采取相应的改进控制措施，使收入流失最小化。企业财务融合下的收入保障更具现实意义，企业财务团队通过细化业务中的财务问题，开展企业财务风险诊断工作，能够挖掘公司收入链条里的"失血点"，通过持续优化业务管理流程与系统支撑能力，有效解决收入"失血"问题，最终防范收入流失、保障公司价值的实现。

3. 成本管控

近年来，诸多企业已逐步从以市场扩张与收入提升的成长期过渡到注重效益与创新发展的成熟期。为使企业持久保持核心竞争力，必须通过加强成本管理，贯彻实施低成本高效运营策略。企业财务融合下的成本管控凸显了精细化的特点，使成本管理贯穿于企业的各项业务活动和管理活动。在财务人员深入了解业务活动的企业财务融合过程中，能够对业务成本进行细化，迅速找到成本松弛点，进而对成本管控提出合理建议。此外，受益于企业财务融合的信息化建设，各级业务和财务部门依托成本分析共享平台，行动更加协同。

4. 资产管理

公司整体资产管理水平关系到公司资产的利用效率，对资产的有效管理是提升企业价值的重要方式，如提高固定资产管理效率能够增大企业的投入产出比；而对金融资产的管理更是能够使企业直接从金融市场上获利。在企业财务融合实践中，财务人员能够深入价值链的各个环节，了解到企业的资产状况，有利于提高资产使用效率，也能够为资产购置和资产投资提供建议。

5. 风险控制

在 COSO 发布的《企业风险管理框架》下，内部控制已经由合规型内控、管理型内控向价值型内控（全面风险管理）演变。企业财务融合不仅要求财务在发挥会计监督职能过程中与业务部门紧密协作沟通，对发现的问题及时传递给业务部门整改，更要求业务和财务协同处理跨部门、跨地市的风险问题，有效推动风险问题的整改与解决。企业财务融合下的风险管理体系应以企业财务人员为风险管理主体，以价值异常变动为风险着眼点，以价值保障为风险管理目的。

（三）以决策支撑为核心的系统融合

企业的财务状况和经营成果直接反映了企业的经营管理状况，为企业未来规划提供决策依据。但是传统的财务管理体系存在诸多弊端，企业财务融合下的系统融合则强调通过企业信息系统建设实现决策支撑功能，通过业务数据化提升财务管理的重要性。在促进企业财务系统融合时，应通过全面梳理和优化现有财务和业务系统，支撑业务数据自动生成财务数据，使财务数据能够穿透追溯到业务数据，实现业务财务数据顺畅流转及全面共享，为价值管理进行量化评估提供数据平台。

（四）以企业财务团队为保障的人才融合

企业财务融合的实施需要专业的企业财务团队来完成，团队中的业务人员需要具备相应水平的财务知识，财务人员要具有主动获取需求和深入分析并持续推动的能力、全面的财务知识、较强的宣讲技能和沟通技巧，并且要具备很好的主动思维能力和团队协作精神。为了打造优秀的企业财务团队，企业可通过举办各种技能培训、读书会、内部技能认证等方式来加强人才培养，从而保障企业财务融合工作的顺利进行。

（五）以绩效考核为激励的制度融合

企业财务融合下的制度融合强调建立合理有效的绩效考核制度，为企业财务团队的高效运作提供监督和激励作用。企业财务团队分别接受来自财务部门和业务部门的双向领导，因此也应受到这两个部门的双向考核，这种双向激励的政策有助于业务财务人员深入业务，真正从业务单位的角度思考问题，提供符合业务单位需求的财务支持。

综上所述，无边界融合式财务管理响应了大数据时代对财务管理的要求，为财务管理创新提供了系统化的发展路径。基于此，企业需要不断优化和创新自己的财务管理体系，尝试打破部门和专业壁垒，推行企业财务融合等新模式，从目标、流程、系统、人才、制度等多维度完善体系，使财务管理全程参与企业经营的整个过程，为管理者提供多维度、精细化的财务支撑信息，从而增强企业价值创造能力。

第四节　大数据背景下企业的财务决策框架

一、企业财务决策的基础

大数据影响着企业整个架构和企业的分析战略结果。其中，财务数据是大数据中影响企业战略决策的重要因素之一，所以企业在制定战略决策时必须考虑现有资产、负债的总量等财务数据。财务数据对市场营销管理影响很大，在考虑大数据分析的时候不仅仅要从公司的整体层面去考虑，还要参考财务报表情况，进而优化企业决策结果。大数据下的财务决策是基于云计算平台，将通过互联网、物联网、移动互联网、社会化网络采集到的企业及其相关数据部门的各类数据，经过大数据处理和操作数据仓储（ODS）、联机分析处理（OLAP）、数据挖掘／数据仓库（DM/DW）等数据分析后，得到以企业为核心的相关数据部门的偏好信息，通过高级分析、商业智能、可视发现等决策处理后，为企业的成本费用、筹资、投资、资金管理等财务决策提供支撑。

二、大数据在财务决策中的应用价值

（一）提供公允价值支持，提高会计信息质量

多源异质化的海量数据来源打破了以往会计信息来源单一、估量计算不准确的情况，使企业能够借助大数据实时掌握准确的市场情报，获得准确的投资性房地产、交易性金融资产等公允价值信息。同时，云会计对数据信息具有强大的获取与处理能力且一直处于不断更新状态，通过对市场信息的实时监控，可及时更新数据信息，从而保证会计信息的可靠性和及时性，有效避免由于信息不畅造成的资金损失。

（二）集成财务与非财务信息，提高财务决策效果

科学有效的财务决策往往需要财务与非财务信息相融合，这个过程过去一般依赖于管理人员自身经验，故具有不确定性。而企业根据产品和市场不同细分为多个业务单元，决策者如何有效地进行资源配置，很难通过经验来判断，最终还要依赖于数据分析。大数据是根据大量真实的最新业务数据进行计算预测，在加工处理信息上利用独特优势，能够有效进行数据挖掘，帮助企业根据自身需求定制财务决策支持系统，对企业进行科学合理的决策建议。借助大数据实现财务信息与非财务信息的融合后，财务决策过程将更加科学合理，避免了单纯依靠财务信息决策带来的不可控风险。此外，大数据的便捷性也使得财务信息的提取更加智能化，充分挖掘潜在信息辅助决策，将资源更好地配置在优势增长领域，提高财务处理效率。

（三）及时响应市场史化，实现预算动态管理

全面预算是对企业未来一定时期内生产经营活动的计划安排，通常以过去数据为基础制定预算。然而，市场处于不断发展变化过程中，依赖企业自身历史经营数据构建的全面预算存在着很大的不确定性，最终通常流于形式，不能切实有效地执行。大数据能够帮助企业及时掌控企业目标市场中的用户、产品、价格、成本等信息，辅助企业高效实施全面预算管理，并根据市场变化及时调整预算，真正实现企业的个性化经营，提高对市场风险的应对能力。

（四）多渠道获取数据，实现精准成本核算

成本核算是对于企业经营数据进行加工处理的过程，传统的成本核算通常发生在生产过程之后，会计人员将一定时期内生产经营的费用总额进行核算，根据产品生产情况对费用进行分配。借助大数据技术，企业能够从多渠道获取成本数据，根据实际生产数据分析制定生产工艺流程标准及材料用量标准。工资明细、进销存单据和制造费用等结构化和非结构化数据能够在信息系统中实现实时共享，使成本核算更加细致、精确，便于进行更深入的品质成本分析和重点成本分析，实现精准成本核算。

三、大数据下的财务决策框架

大数据下的财务决策框架由数据来源、数据处理、数据分析和企业财务决策组成，自下向上构成一个完整的财务支撑体系。财务决策的数据源主要从企业、工商部门、税务部门、财政部门、会计师事务所、银行、交易所等数据部门获取。这些数据包括结构化、半结构化和非结构化三种数据类型。其中，结构化数据主要以数据库和XBRL 文件的形式体现；半结构化数据主要由机器和社交媒体生成；非结构化数据主要包括文本、图像、音频和视频等。这些数据基于云计算平台，通过互联网、物联网、移动互联网和社会化网络等媒介进行采集。物联网将企业生产运营的各个环节联结成一个整体，采购、库存、生产制造等流程的数据信息通过云计算平台直接接入数据库。互联网、移动互联网和社会化网络通过云计算平台实时采集企业办公、销售和服务等流程中各种类型的数据信息，并存储到分布式文件系统（HDFS）、非关系型数据库（NOSQL）中，或者形成各种格式的文件。借助物联网、移动互联网等媒介实现财务和非财务数据的实时化收集，可以有效避免由于结算滞后和人工操作带来的会计信息失真，增强财务数据的可信性，提高财务决策的效率和效果。

数据处理层主要是采用 Hadoop、HPCC、Storm、Apatch Drill、Rapid Miner、Pentaho BI 等大数据处理软件，对从各个数据部门采集到的各种类型的海量数据进行过滤，获取有用的数据，并实现财务数据与非财务数据的融合。数据分析层主要是通过 ODS、DM/DW、OLAP、复杂事件处理（CEP）等专业软件，对处理后的大数据进行数据分析和提取，形成以企业为中心，覆盖工商、税务、财政、会计师事务所、银行、交易所等相关数据部门的有价值的偏好信息。企业财务决策层主要是对各数据部门的偏好信息，借助文本分析和搜索、可视发现、高级分析、商业智能等决策支持工具，实现面向企业的生产、成本费用、收入、利润、定价、筹资、投资、资金管理、预算和股利分配等财务决策。

大数据下的财务决策除了有益于企业，还可为会计师事务所、工商部门和税务部门等数据部门提供业务支撑。基于云计算平台收集和处理数据，将运营数据保存在各个云端而不是企业自己的服务器上，这给会计师事务所的外部审计带来方便，减少企业临时篡改数据的可能性，使审计结果更加可靠。同时，企业在运营过程中产生的财务数据和非财务数据可实时接受工商和税务等政府部门的监管，从根本上避免做假账和偷税漏税等违法行为的发生。

第五节　大数据下的财务管理问题与对策

一、大数据下财务管理存在的问题及其原因分析

（一）财务管理观念陈旧

在"大数据"背景下，企业财务管理发生了部分变革，即财务管理的内容、目标与传统模式有所区别。财务管理活动从简单的核算职能向决策职能转变，即从存数据到用数据的转变。而大多数中小型企业的财务管理观念陈旧，财务人员被动执行经营者的命令，缺乏分析财务数据、获取高质量决策信息的能力。由此带来的问题有：现金的不足或闲置，大大降低企业的资本收益；生产连续性和稳定性较差，仅仅根据订单生产，在经营淡季出现停工的现象；资金回收困难，账面坏账损失较多。完成会计电算化只是大数据时代下财务管理迈出的第一步，但很多企业认为这已经足够，且没有意识到财务管理信息化的重要地位。传统陈旧的财务管理观念在很大程度上阻碍了企业在大数据时代下的发展。

（二）技术水平不高，缺之复合型人计

目前大数据已经成为国家发展的趋势，然而，我国大数据技术却存在水平不高，扩散不畅的问题，企业的财务管理信息化正面临着大数据时代的技术瓶颈。一方面，我国缺乏原创技术，难以构建整个企业的 IT 构架，同时类似于开源社区的新兴组织发展落后，国内大型企业在财务管理中大数据的应用也无法向其他企业扩散；另一方面，基于大数据的财务管理软件不成熟，软件与企业情况不能良好匹配。这使得企业的财务管理活动不能与大数据进行完美对接。因此，财务管理信息化在技术上还需要更有力的支持。

根据基础性数据分析，我国数据分析人才缺口达 1400 万。在实际的财务管理活动中，很少有企业能够聘用高素质的数据分析人才，完成对财务数据的整理与分析，进而得到有助于决策的财务信息，导致高层管理人员往往只根据源自财务报表的经验分析来做出决策。所以，人才问题同样也是企业财务管理面对的严峻问题之一。

（三）财务管理信息共享性差，"信息孤岛"问题严重

在企业财务管理信息系统的建设中会产生了众多"信息孤岛"，造成企业信息更新与业务流程不能良好对接，企业的数据开放程度严重滞后，笔者认为其原因有以下三点。首先，企业存在信息不对称、不共享的情况。企业的采购部门、物流部门、库存管理部门、生产部门、销售部门构成了企业的经营活动，各部门之间缺少沟通反馈、信息共享的现象，容易导致停工待料、生产与销售脱节、销售与材料采购不配比的恶性循环；财务管理部门独立于其他部门存在，不能及时掌握有关部门真实的财务状况。其次，我国大多数企业不

具备自主开发信息化财务管理软件的能力，仅在原有软件基础上进行个性化设计，很难与企业业务的各个环节完全融合。再者，新老系统之间的不兼容也会导致众多"信息孤岛"。

（四）财务管理信息安全存在隐患

大数据时代，借助互联网，各个经营实体将组成数据大家庭，数据的生成、传播和利用具有快捷性和广泛性，财务管理工作业已成为开放式的经济管理活动，不再局限于企业内部。财务管理信息的内外互通，给信息安全带来隐患，计算机病毒、网络黑客都在威胁财务管理数据的安全。由于信息交流手段多种多样，传感器、社交网络、电子邮件、文档记录，其中不乏经营管理数据、客户信息、会计记录细节、预测决策信息，如果遭到泄露，会使企业遭受巨大损失。财务数据的安全管理，不仅是企业平稳发展的保障，也是建设和谐社会的基础。

（五）财务控制能力偏弱，风险意识差

财务控制是指对企业的资金投入及收益过程和结果进行衡量与校正，以确保财务计划的实现。企业不能利用大数据带来的便利条件进行财务分析与决策，导致财务控制能力偏弱，风险意识差，财务分析工作不够全面。多数企业资金管理和使用存在盲目性，缺少计划安排。经营状况良好时，闲置大量资金不能充分利用；缺少营运资金时，不顾成本、不惜代价进行借贷；不重视各种资金形态的合理配置，在短期债务到期时，因为没有足够的货币资金用以偿还债务，只好"拆东墙补西墙"，甚至无力偿还，影响企业信用。投资活动存在盲目性，风险意识差没有充分的论证过程，很少考虑宏观经济环境变化和市场变化，常常凭借主观认识进行投资决策，造成资金回收困难，资金链断裂。

二、"大数据"背景下加强企业财务管理的对策

（一）建立与"大数据"概念相融合的财务管理观

这要求财务管理人员将"大数据"概念融入财务管理观，以适应大数据时代对财务管理的挑战。其一，正确认识到大数据时代下转变传统财务管理观念的重要性，在激烈的竞争环境中，订单管理、客户信用评价、供应商信息、税务部门信息等与企业生产销售息息相关，这些重要信息均来自于是数据分析，因此可以说企业的生存与发展离不开大数据思想。其二，将大数据的理念与技术融入日常财务管理活动中，形成科学有效的管理方式，最大程度规避企业财务风险，防止短期行为，在动态平衡的角度追求企业长期的价值最大化，树立集人本、共赢、风险、信息、战略为一体的财务管理观念。

（二）建设企业信息系统架构

2015年11月3日发布的《中共中央关于制定国民经济和社会发展第十三个五年规划的建议》中，我国首次提出推行国家大数据战略，争取使大数据在制度、技术、观念等方

面取得进一步发展。第一，企业可委托软件公司，招聘计算机技术人才并成立技术开发部，支持创新科研项目，通过硬件备份、冗余系统、负载均衡等可靠性技术，配合相关的软件技术提供的管理机制和控制手段，协同财务管理人员在数据服务层、应用服务层、信息发布层之上建设出能够满足企业财务管理需要的个性化系统（如财务云的应用），为财务管理信息化提供良好的客观条件。第二，建立一个与内部控制制度相结合的会计信息安全管理系统。

（三）提高财务管理人员的综合素质

在如今大数据的发展趋势下，数据的丰富多样性要求财务管理人员不仅是一个具备扎实财务处理能力的专业人士满足核算反映监督的职能，同时应当具备管理会计知识与实践经验，在短时间内通过对数据的加工分析出有价值的信息。熟悉企业的流程和业务，在企业的整个价值链角度谋求企业价值最大化，是大数据时代下财务管理人员综合素质的发展目标。实现这一目标需要从以下三个方面做出努力：在客户与业务方面，需要财务人员对客户的资金流程进行再造，最大限度发挥财务的参谋作用，以实现产品、客户资源的最优化配置；在战略方面，需要对财务管理进行创新，以价值提升为理念，运用产业价值链、商业模式等管理知识分析，积极构建企业整体战略；在运营方面，需要财务人员集中管理财务，减少管理层级，增强企业管理力度。

（四）推进企业财务信息管理一体化

避免"信息孤岛"现象的有效途径是推进企业信息管理平台一体化。一体化的意义在于连接企业所有的价值链，包括基本活动和辅助活动。任何部门的日常活动都离不开资金的使用，财务信息管理一体化使企业能够多层次、全面地进行财务查询与反馈，而非人为地将各个部门的财务信息汇总，避免了财务漏洞的出现。建设大数据资源储备与共享体系，使财务管理能够及时有效地掌握连续、精准的企业运作信息，进行统一的财务核算、资源分配以及资本管理，实现财务资源的高效运转。同时，企业财务信息管理一体化建设，要求企业对资金进行统一高效的管理，这使得企业财务管理的内容、责任传递到各个具体的部门和人员中间，达到责任、权利、利益三者的平衡，有利于加强企业深化改革、优化财务管理人员结构、规范现代企业制度的国家宏观战略目标。

（五）防范财务管理信息安全隐患

互联网大数据时代，经济生活的方方面面都离不开网络的支持，信息存储交换，数据处理分析，网络的安全问题是头等大事。没有安全的网络环境，就不会有健康的经济秩序和经济发展。相关部门要提高网络安全的技术水平，不断开发新的防范措施。企业应当提高网络安全意识，防范管财务管理信息安全隐患。建立用户身份安全印证和访问控制机制，防止对数据系统的恶意攻击；开发以政府为主导、各服务商参与的财务管理信息系统，为企业提供数据处理服务；建立以企业为单元的会计信息安全管理系统，保证大数据采集的安全和完整。

（六）加强财务控制能力，增强风险意识

市场经济竞争激烈，存在各种经营风险。企业要借助大数据和云计算手段，进行市场分析；利用财务杠杆的作用，加强财务控制能力，化解风险，保持稳定发展；开发新产品，要充分调研市场状况，理性分析，避免盲目上马；注意财务评价指标的动向，关注资产负债率、流动比率、速动比率是否在正常范围内，避免财务风险的出现。进行投资活动，要有充分的论证过程，在认真分析市场状况、投资风险、投资回报、资金成本基础上进行决策。企业经营要有长远意识，不能存在走一步看一步的情况。

总之，大数据时代下的财务管理不再是简单的记账核算机构，财务人员的工作将聚焦于价值管理和创造，其角色也将变为提供决策支持的管理者、企业变革的领导者和可咨询相关业务的合作伙伴。

第四章　大数据时代对企业财务管理的影响

第一节　大数据时代对企业竞争优势的影响

一、大数据与战略论

战略论大致可以分为以下两种：以哈佛商学院教授迈克尔·波特为代表的"定位论"；以密歇根大学商学院教授普拉哈拉德与伦敦商学院客座教授哈默尔为代表的"核心竞争力理论"。

定位论认为，企业或者以产品种类为基础，或者以用户需求为基础，或者以与用户的接触方式为基础，确立其成本领先、差异化或目标聚集的竞争优势模式，进而制定防御型或进攻型战略。

核心竞争力理论主张企业关注客户长期价值，明确自身独树一帜的优势，并沿着这两个相对稳定的主线去拓展产品和业务。

两者的思维模式均是在准确预测和判断未来的基础上制定战略，在战略框架内抓落实，两者的决策主体都是商业精英而非员工和社会公众，两者的决策依据均是相对静止的、确定的结构化数据。

殊不知，社会化媒体和大数据动摇了战略论的决策基础。一是决策主体正从商业精英转向社会公众。社会化媒体的出现加速了信息传播的范围和效力，社交网络的普及增进了知识的共享和信息的交互，社会公众已经成为企业决策的中坚力量。他们通过意见的表达、信息的传递，迅速形成信息共同体和利益共同体，成为商业经营决策的依据，也成为其决策的外部压力。二是决策的依据正从结构化数据转向非结构化、半结构化和结构化混合的大数据。在互联网经济时代，原材料、生产设备、顾客和市场等因素的定义越来越不固定，科技正走向跨领域融合，产业界限正在模糊，充斥其中的则是大量的非结构化数据。根据Gartner预测，未来五年中，企业数据将增长八倍，其中80%的是非结构化数据。

大数据将成为竞争的关键性基础，并成为下一轮产品生产率提高、创新和为消费者创造价值的支柱，这把数据的重要性提升到了竞争性要素的高度。

信息时代的竞争，不是劳动生产率的竞争，而是知识生产率的竞争。企业数据本身就蕴藏着价值，企业的人员情况、客户记录对于企业的运转至关重要，但企业的其他数据也拥有转化为价值的力量。一段记录人们如何在您的商店浏览购物的视频、人们购买服务前后的所作所为、如何通过社交网络联系客户、是什么吸引合作伙伴加盟、客户如何付款等，所有这些场景都提供了很多信息，将它们抽丝剥茧，通过特殊的方法观察，将其与其他数据集进行对照，或者以与众不同的方式分析解剖，就能让企业的业务拓展发生翻天覆地的转变。因此，数据是所有管理决策的基础，带来的是对客户的深入了解和竞争优势。

二、竞争战略是否过时

（一）竞争战略的概念

企业的战略管理主要是通过对企业及社会市场的变化进行管理来实现的。企业的战略管理者往往也是不断寻找和发现变化的人，他不仅需要寻找变化，还需要能够快速适应这种变化，并且不断地告诫企业中的所有人这样一个理念：变化是必然的，不可避免并且时刻存在。从 20 世纪初，西方的战略管理研究领域就已经开始对企业战略变化问题以及由其引起的企业组织变化问题展开细致深入的研究，并且始终是战略管理领域中的研究热点，而在大数据时代背景下，社会的需求、经济市场的变化可谓是瞬息万变，竞争日益激烈，在这样的发展现状面前，加强对企业战略管理变化的研究就显得十分重要和必要。

以竞争为本的战略思维的产生，源于 20 世纪 80 年代以迈克尔·波特教授为代表的学者提出的竞争战略理论。迈克尔·波特基于影响企业的五种作用力的假设，即新进入者的威胁、供应商的议价能力、替代品或服务的威胁、客户的议价实力，以及产业内既有厂商的竞争，提出了三种竞争优势模型，包括成本领先、差异化和目标聚集。在该理论的指导下，竞争成为企业战略思维的出发点。竞争战略理论认为，行业的盈利潜力决定了企业的盈利水平，而决定行业盈利潜力的是行业的竞争强度和行业背后的结构性因素。因此，产业结构分析是建立竞争战略的基础，理解产业结构永远是战略分析的起点。企业在战略制定时，重点分析的是产业特点和结构，特别是通过深入分析潜在进入者、替代品威胁、产业内部竞争强度、供应商讨价还价能力、顾客能力这五种竞争力量，来识别、评价和选择适合的竞争战略，如低成本、差异化和集中化竞争战略。在这种战略理论的指引下，企业决策者认为企业成功的关键在于选择发展前景良好的行业的战略思维。

（二）大数据时代的商业生态

传统的企业战略管理模式是一个解决问题的正向思维模式，先发现问题再通过分析，找到因果关系来解决。但是，大数据环境下企业战略模式则不同，其是按收集数据、量化分析、找出相互关系、提出优化方案的顺序进行。它是一个使企业从优秀到质的飞跃的积极思维模式，是战略层次的提高。

大数据环境中基于互联网的连接、海量数据的存储和云计算平台的融合，使得商业生态系统在数据获取、传递、处理、共享和应用方面，更加频繁与便利，更有助于知识溢出和协同创新。对企业战略决策而言，不仅要适应系统内环境，参与系统内开放性竞争，而且还能进一步影响和改变环境。大数据环境中商业生态系统的企业实体网络与虚拟网络相融合，随着数据与交易网络效应的放大，促进数据量能和用户数量的迭代增加，实现资源共享和优势互补，进一步强化商业生态系统的盈利模式和可持续发展。

1. 市场洞察的实时与精准

大数据的实时处理与反映已经覆盖商业生态系统各个链条的各个节点，在既竞争又协同的非线性相互作用下，对于某一方所产生的任何需求及供给都能及时地做出反应，实时并精准地洞察市场的需求和用户的变化，指导企业提升产品与服务创新速度，缩短产品生命周期，基于个性化和差异化数据实现目标市场的细分，与行业耦合。

2. 企业运作的竞合与协同

商业生态系统内企业边界、行业边界愈发模糊并几乎融合，开放性也更加明显。大数据背景下，以互联网和电子商务为平台的企业合作伙伴选择范围更广，商业生态系统的成员结构具有动态性，其合作关系表现为非线性的网络化企业运作，一方面体现在传统的大规模企业群体以原有的供应链为基础，向网络生态价值链转变，企业间分工协作、互利共生；另一方面体现在基于协同商务模式构建企业间的密切合作关系，使地域上异地分布、结构上平等独立的多个企业共同组成动态的"虚拟企业"或"企业联盟"。大数据环境下深入剖析商业生态系统新型企业间协同组织形式和运作机制，从而实现商业生态系统资源的优化、动态组合与共享。

3. 社会公众的互动与反馈

大数据背景下商业生态系统各成员之间竞合关系的非线性作用更加具有不确定性，其网络结构也更具脆弱性，以用户参与为核心要素的创新模式对商业生态系统涨落的冲击力更大。大数据环境中海量数据主要来源于由互联网用户自主创造的信息和数据，新的产品或服务从最初的创意设计、生产制造、质量保证、营销策划、销售等价值创造环节都会注重公众的参与、互动和反馈，从而促进产品与服务的持续改进与迭代创新，实现企业与社会化群体的和谐一致与共同发展，全面摒弃传统的"闭门造车"管理模式，进而推动商业生态系统的持续优化和协同发展。

三、大数据时代对企业核心竞争力的挑战

（一）核心竞争力的要素

大数据时代，企业大数据和云计算战略将成为第四种企业竞争战略，并且企业大数据和云计算战略将对传统的企业三大竞争战略产生重要影响。企业管理者要对大数据和云计算高度重视，把其提高到企业基本竞争战略层面，企业大数据和云计算战略可以作为企业

基本战略进行设计。因此，数据竞争已经成为企业提升核心竞争力的利器。来自各个方面零碎的庞大数据融合在一起，可以构建出企业竞争的全景图，洞察到竞争环境和竞争对手的细微变化，从而快速响应，制定有效竞争策略。

企业传统的竞争力包括人才竞争力、决策竞争力、组织竞争力、员工竞争力、文化竞争力和品牌竞争力等。在大数据时代，数据正在逐步取代人才成为企业的核心竞争力，数据和信息作为资本取代人力资源成为企业最重要的具有智能化的载体。这些能够被企业随时获取和充分利用的信息和数据，可以引导企业对其业务流程进行优化和再造，帮助企业做出科学的决策，提高企业管理水平。

根据 IDC 和麦肯锡的大数据研究结果的总结，大数据主要在以下四个方面挖掘出巨大的商业价值：

1. 对顾客群体细分，然后对每个群体量体裁衣地采取独特的行动；

2. 运用大数据模拟实境，发掘新的需求和提高投入的回报率；

3. 提高大数据成果在各相关部门的分享程度，提高整个管理链条和产业链条的投入回报率；

4. 进行商业模式、产品和服务的创新。

可见，大数据给企业核心竞争力带来了挑战，对数据的收集、分析和共享带来了影响，为企业提供了一种全新的数据分析方法，数据正成为企业最重要的资本之一，而数据分析能力正成为企业赢得市场的核心竞争力。因此，企业必须把大数据的处理、分析和有效利用作为新常态下打造企业核心竞争力的重要战略。

（二）产业融合与演化

企业运用财务战略加强对企业财务资源的支配、管理，从而实现企业效益最大化的目标。其中，最终的目标是提高财务能力，以获取在使用财务资源、协调财务关系与处理财务危机过程中超出竞争对手的有利条件，主要包括以下条件或能力。

1. 创建财务制度的能力、财务管理创新能力和发展能力、财务危机识别的能力等。

2. 通过财务战略的实施，提高企业的财务能力，并促进企业总体战略的支持能力，加强企业核心的竞争力。

伴随着大数据时代的到来，产业融合与细分协同演化的趋势日益呈现。一方面，传统上认为不相干的行业之间，通过大数据技术有了内在关联，以及对大数据的挖掘和应用，促进了行业间的融合。另一方面，大数据时代，企业与外界之间的交互变得更加密切和频繁，企业竞争变得异常激烈，广泛而清晰地对大数据进行挖掘和细分，找到企业在垂直业务领域的机会，已经成为企业脱颖而出形成竞争优势的重要方式。在大数据时代，产业环境发生深刻变革，改变了企业对外部资源需求的内容和方式，同时也变革了价值创造、价值传递的方式和路径。因此，企业需要对行业结构，即潜在竞争者、供应商、替代品、顾客、行业内部竞争等力量，进行重新审视，进而制定适应大数据时代的竞争战略。

（三）数据资源的重要性

大数据时代，数据成为一种新的自然资源。对企业来说，加入激烈竞争的大数据之战是迫切的，也是产出丰厚的。但是数据如同原材料，需要经过一系列的产品化和市场化过程，才能转化为普惠大众的产品。企业利用大数据技术的目的是为增强企业决策管理的科学性，实质是新形势下人机结合的企业战略决策系统。通过企业内部决策系统的采集、分析、筛选、服务、协调与控制等功能，判断企业及所在行业的发展趋势，跟踪市场及客户的非连续性变化，分析自身及竞争对手的能力和动向，充分利用大数据技术整合企业的决策资源，通过制定、实施科学的决策制度或决策方法，制定出较为科学的企业决策，保证企业各部门的协调运作，形成动态有序的合作机制。

另外，将企业的决策系统与企业外部的环境结合起来，有利于企业制定科学合理的经营决策，从而保持企业在市场上的竞争优势。毫无疑问，大数据的市场前景广阔，对各行各业的贡献也将是巨大的。目前来看，大数据技术能否达到预期的效果，关键是在于能否找到适合信息社会需求的应用模式。无论是在竞争还是合作的过程中，如果没有切实的应用，大数据于企业而言依然只是海市蜃楼，只有找到盈利与商业模式，大数据产业才能可持续发展。

（四）企业不同生命周期中的财务战略与核心竞争力的关系

要提高企业核心竞争力就要处理好资源的来源与配置问题，其中资源主要指的就是财务资源，因此，财务战略的管理对企业核心竞争力的提升起到了重要的推动作用。

1.企业竞争力形成的初期采取集中的财务战略

企业在竞争力形成的初期，已经具备了初步可以识别的竞争力，在这一时期企业自己的创新能力弱而且价值低，企业可以创造的利润少而且经营的风险比较大。同时，在这个阶段对市场扩展的需求紧迫，需要大量的资金支持。在这个时期由于企业的信誉度不够高，对外的集资能力差，所以在这一阶段企业可以采用集中财务的发展战略，即通过集中企业内部资源扩大对市场的占有率，为企业以后核心竞争力的发展提供基础。在资金筹集方面，企业应实行低负债的集资战略，由于企业这个阶段的资金主要来源于企业内部以私人资金为主，因此在这一时期最好的融资办法是企业内部的融资。在投资方面，企业为了降低经营风险，要采用内含发展型的投资策略，挖掘出企业内部实力，提高对现有资金的使用效率。这种集中财务的发展战略重视企业内部资源的开发，所以可以在一定程度上减少企业经营的风险。在盈利的分配方面，企业最好不实行盈利的分配政策，把盈利的资金投入到市场开发中来，充实企业内部的资本，为企业核心竞争力提升准备好充足的物质基础。

2.企业在核心竞争力发展阶段采用扩张财务的战略

企业核心竞争力在成熟、发展的阶段，由于此时核心竞争力开始趋于稳定并且具有一定的持久性，这个时候的企业除了要投入需要交易的成本之外，还要特别注意对企业知识与资源的保护投入。在这一时期，企业要利用好自己的核心竞争力并对其进行强化，在财务上要采用扩张财务的战略，实现企业资产扩张；在融资力方面要实行高负债的集资战略；在投资方面采用一体化的投资；在盈利分配方面实行低盈利的分配政策，来提高企业整体影响力。

3. 企业在核心竞争力稳定的阶段采用稳健的财务战略

企业在这一阶段要开始实施对资源的战略转移，采取稳健的财政战略来分散财务的风险，实现企业资产的平稳扩张。在该阶段，企业可采取适当的负债集资法，因为此时企业有了比较稳定的盈利资金积累，所以在发展时可以很好地运用这些资金，以减轻企业的利息负担。在投资方面，企业要采取多元化的投资策略，在盈利的分配方面可以实施稳定增长的盈利分配法。企业的综合实力开始显著加强，资金的积累也达到了一定的数值，拥有了较强的支付能力，所以企业可以采用稳定增长的股份制分红政策。

四、大数据时代企业竞争优势的演化方向

（一）对企业内外部环境的影响

大数据已经渗透到各个行业和业务职能领域，成为重要的生产因素，大数据的演进与生产力的提高有着直接的关系。随着互联网的发展，数据也将迎来爆发式增长，快速获取、处理、分析海量和多样化的交易数据、交互数据与传感数据，从而实现信息最大价值化，对大数据的利用将成为企业提高核心竞争力和抢占市场先机的关键。大数据因其巨大的商业价值正在成为推动信息产业变革的新引擎，大数据将使新产品的研发、设计、生产及工艺测试改良等流程发生革命性变化，从而大幅提升企业研制生产效率。对于传统服务业，大数据已成为金融、电子商务等行业背后的金矿。大数据不仅是传统产业升级的助推器，也是孕育新兴产业的催化剂。数据已成为和矿物、化学元素一样的原始材料，未来大数据将与制造业、文化创意等传统产业深度融合，进而衍生出数据服务、数据化学、数据材料、数据制药、数据探矿等一系列战略性新兴产业。

（二）获取竞争情报的新平台

大数据环境具有典型的开放性特点，企业利用大数据能够极大限度地突破时间和空间的束缚，为企业的发展创建更高的平台。同时，企业经营环境的随机性与变动性不断增强，企业经营模式也应不断随之进行调整，只有做到与外部大环境的发展同步，才能使企业在竞争中站稳脚跟。

大数据的应用为企业的决策提供了客观的数据支持，企业决策不再单单依托管理者的思想和经验，而是更多地依托于完善的数据体系，从而提高了企业的决策准确性，为企业的发展战略指明了道路，增强了企业的竞争力，扩大了企业的可持续发展空间。

在大数据时代，企业的关键情报主要来源于以下两个大的方面：一方面，来源于网络

渠道。企业可以利用免费或者付费的方法，获取包含了竞争信息、宏观经济、政策机遇、标杆前沿的数据信息。其中竞争信息指的是，可以利用电商网站得到同行竞争对手的产品、售价与营销方式，利用新闻媒体活动、公开的企业专利栏、企业数据库实时了解竞争对手的状态。客户数据是指可以利用电商网站、内在门户获取消费者在网络或是移动客户端之间反馈的意见与评论；政策的读取是指可以利用国务院所有部委的公告、所有地方政府发布的产业政策信息、地方上的规划准则、所有地方产业园的信息开采机会渠道，利用渠道直接获得更加系统的情报信息；另一方面，来源于自身渠道。企业可以利用内部的信息系统、门户网站或网页、客服系统来分析开采出自身的数据信息。针对自身的核心业务，考虑到数据的安全性，应该运转在企业自己的平台上，给集团与各级公司一致带来运转环境，尽可能不让各层下级机构在基础设备上进行投入。

（三）实践中的创新尝试

大数据，可以说是史上第一次将各行各业的用户、方案提供商、服务商、运营商，以及整个生态链上游的厂商，融入到一个大的环境中，无论是企业级市场还是消费级市场，抑或政府公共服务，都开始使用大数据这一工具。以企业供应链为例，通过大数据运营可以实现供应商平台、仓储库存、配送和物流、交易系统、数据分析系统等供应链的全环节整合与优化，实现数据统一管理、全面共享，最终达到供应链管理创新。IBM 对全球多位经济学家调查显示，全球每年因传统供应链低效的损失相当于全球 GDP 的 28%。

零售企业基于大数据的智慧商务平台，可以根据顾客购物行为模型进行订单化采购与销售，合理进行线上线下配送、交易，实现库存管理动态分析预警，同时能保证库存、价格信息的动态实时更新。零售企业百思买的经验值得借鉴，其通过建立集成多个订单管理模块的单一平台，能够对客户引流、选择、购买、支付、提货和服务等零售购买的各环节在线上线下任意组合，通过后台系统各环节数据的打通与共享也极大节约了成本，并提高了库存的准确性和服务水平，最终提升了客户全渠道购买体验。

第二节　大数据时代对企业财务决策的影响

一、大数据时代下数据质量的保证

（一）管理环境的挑战

大数据时代下，每个个体都是数据的生产者，企业的任何一项业务活动都可以用数据来表示，如何保证大数据的质量，如何建模、提取并利用隐藏在大数据中的信息，从数据收集、数据存储到数据使用，企业必须制定详细、缜密的数据质量管理制度，在数据库设计时要考虑大数据在各个方面可能发生的种种意外情形,利用专门的数据提取和分析工具,任命专业的数据管理人才加强对大数据的管理,提高员工的数据质量意识,以保证大数据的数据质量,从而挖掘出更多准确、有效、有价值的信息。

在云计算的基础上,大数据环境对企业的信息收集方式、决策方案制定,以及方案选择与评估等内容具有一定的影响,从而进一步影响企业管理决策内容。基于研究内容以及研究现状表明,我国当前企业在发展过程中,运用数据驱动的企业,其内部内容以及财务状况良好,凸显出财务状况的具体实效。大数据当中的数据内容具备先进性特点,对知识经济各项生产要素的发展具有重要作用。大数据的运用已经成为企业实现现代化发展的重要因素,大数据为企业管理决策方面的内容提供了新环境。

(二)流程视角的挑战

从流程的角度,即从数据生命周期角度来看,可以将数据生产过程分为数据收集、数据存储和数据使用三个阶段,这对保证大数据质量分别提出了不同的挑战。

首先,在数据收集方面,大数据的多样性决定了数据来源的复杂性。大数据的数据来源众多,数据结构随着数据来源的不同而各异,企业要想保证从多个数据源获取的结构复杂的大数据的质量,并有效地对数据进行整合,是一项异常艰巨的任务。来自于大量不同数据源的数据之间存在着冲突、不一致或相互矛盾的现象,在数据量较小的情形下,通过编写简单的匹配程序,甚至是人工查找,即可实现多数据源中不一致数据的检测和定位,然而这种方法在大数据情形下却显得力不从心。另外,由于大数据的变化速度较快,有些数据的"有效期"非常短,如果企业没有实时地收集所需的数据,有可能收集到的就是"过期的"、无效的数据,在一定程度上会影响大数据的质量。数据收集阶段是整个数据生命周期的开始,这个阶段的数据质量对后续阶段的数据质量起着直接的、决定性的影响。因此,企业应该重视源头上的大数据质量问题,为大数据的分析和应用提供高质量的数据基础。

其次,在数据存储阶段,由于大数据的多样性,单一的数据结构(如关系型数据库中的二维表结构)已经远远不能满足大数据存储的需要,企业应该使用专门的数据库技术和专用的数据存储设备进行大数据的存储,保证数据存储的有效性。据调查,目前国内大部分企业的业务运营数据仍以结构化数据为主,主要采用传统的数据存储架构,如采用关系型数据库进行数据的存储,对于非结构化数据,则是先将其转化为结构化数据后再进行存储、处理及分析。这种数据存储处理方式不仅无法应对大数据数量庞大、数据结构复杂、变化速度快等特点,而且一旦转化方式不当,将会直接影响到数据的完整性、有效性与准确性等。数据存储是实现高水平数据质量的基本保障,如果数据不能被一致、完整、有效的存储,数据质量将无从谈起。因此,企业要想充分挖掘大数据的核心价值,首先必须完成传统的结构化数据存储处理方式向同时兼具结构化与非结构化数据存储处理方式的转变,不断完善大数据环境下企业数据库的建设,为保证大数据质量提供基础保障。

最后,在数据使用阶段,数据价值的发挥在于对数据的有效分析和应用,大数据涉及的使用人员众多，很多时候是同步地、不断地对数据进行提取、分析、更新和使用，任何一个环节出现问题，都将严重影响企业系统中的大数据质量和最终决策的准确性。数据及时性也是大数据质量的一个重要方面，如果企业不能快速地进行数据分析，不能从数据中及时提取有用的信息，就会丧失预先占领市场的先机。

（三）技术视角的挑战

技术视角主要是指从数据库技术、数据质量检测识别技术、数据分析技术的角度来研究保证大数据质量的挑战及其重要性。大数据及其相关分析技术的应用能够为企业提供更加准确的预测信息、更好的决策基础以及更精准的干预政策，如果大数据的数据质量不高，所有这些优势都将化为泡影。

在数据规模较小的情况下，关系型数据库就能满足企业数据存储的需要，一般企业信息系统数据库中的记录通常会达到几千条或上万条，规模稍大的企业，其数据记录能达到几十万条，在这种情况下，检测数据库中错误、缺失、无效、延迟的数据非常容易，几分钟甚至几秒钟就能完成对所有记录的扫描和检测。然而在大数据时代，企业的数据量不仅巨大，而且数据结构种类繁多，不仅仅有简单的、结构化的数据，更多的则是复杂的、非结构化的数据，而且数据之间的关系较为复杂，若要识别、检测大数据中错误、缺失、无效、延迟的数据，往往需要数百万甚至数亿条记录或语句，传统的技术和方法常常需要几小时甚至几天的时间才能完成对所有数据的扫描与检测。

从这个角度来讲，大数据环境为数据质量的监测和管理带来了巨大的挑战。这种情况下，传统的数据库技术、数据挖掘工具和数据清洗技术在处理速度和分析能力上已经无法应对大数据时代所带来的挑战，处理小规模数据质量问题的检测工具已经不能胜任大数据环境下数据质量问题的检测和识别任务，这就要求企业应根据实际业务的需要，在配备高端的数据存储设备的同时，开发、设计或引进先进的、智能化的、专业的大数据分析技术和方法，以实现大数据中数据质量问题的检测与识别，以及对大数据的整合、分析、可视化等操作，充分提取、挖掘大数据潜在的应用价值。

（四）管理视角的挑战

管理视角主要探讨企业高层管理者、专业管理和技术分析人员对保证大数据质量的重要性。

首先，大数据的管理需要企业高层管理者的重视和支持。只有得到了企业高层管理者的高度重视，一系列与大数据有关的应用及发展规划才能有望得到推动，保证大数据质量的各项规章制度才能得到顺利的贯彻和落实。缺少高层管理者的支持，企业对大数据管理、分析和应用的重视程度就会有所降低，大数据的质量就无法得到全面、有效的保证，从而将会大大弱化大数据价值的发挥，不利于企业竞争能力的提升。因此，企业应该在高层管理者的领导和带领下，加强大数据质量意识，建立完善的数据质量保证制度。

其次，专业数据管理人员的配备是保证大数据质量不可或缺的部分。由于大数据本身的复杂性增加了大数据管理的难度，既懂得数据分析技术，又谙熟企业各项业务的新型复合型管理人员是当下企业应用大数据方案最急需的人才，而首席数据官（Chief Data Officer，CDO）就是这类人才的典型代表。CDO是有效管理企业大数据、保证大数据质量的中坚力量。企业要想充分运用大数据方案，任命CDO来专门负责大数据所有权管理、定义元数据标准、制定并实施大数据管理决策等一系列活动是十分必要的。

CDO的缺失是国内数据管理方式落后的直接体现，而落后的数据管理方式是影响大数据应用、阻碍大数据质量提升的重要因素之一。传统的数据管理方式已经远远不能满足大数据环境下数据质量的要求。以往大部分企业在运营过程中均由业务部门负责掌管数据，IT部门负责信息技术的应用，这种分离式的运营管理方式容易造成业务人员不了解分析不同数据所需的不同IT工具，而IT人员在运用IT技术分析数据时不了解数据本身的内涵，甚至会做出错误的数据解释，影响企业决策的准确性和有效性。

为此，企业应该对组织架构体系及其资源配置进行重组，让数据管理与分析部门处于企业的上游位置，而设立CDO便是企业重组的成功标志之一。

大数据环境下，还应配备专业、高端的数据库设计和开发人员、程序员、数学和统计学家，在全面保证大数据质量的同时，充分挖掘大数据潜在的商业价值。此外，在大数据生产过程的任何一个环节，企业都应该配备相应的专业数据管理人员，通过熟悉掌握数据的产生流程进行数据质量的监测和控制，如在数据获取阶段，应指定专门人员负责记录定义并记录元数据，以便于数据的解释，保证企业全体人员对数据的一致、正确理解，保证大数据源头的质量。

二、大数据对企业管理决策的影响

（一）大数据环境下的数据及知识管理

1. 大数据的数据管理

在大数据环境下，企业管理决策内容的技术含量以及知识含量得到丰富，数据已经成为企业管理决策的重要内容。有效地对数据质量以及数据内容进行管理，对企业发展具有重要作用。一旦企业不重视数据内容的处理与存储，将造成大量数据内容流失，严重影响企业通过数据分析当前市场环境，市场竞争力下降。

传统上，我们认为会计的基本职能是核算与监督。企业中会计人员的主要职能和精力放在了会计单据的审核、记账、报告、归档等基础工作上。这种格局在大数据时代将发生也正在发生着变化，会计由"核算财务"向"价值提升"转化。大数据的数据管理过于烦琐，需要对整体的解决方案内容进行筛选、抽取与集成，保证大数据处理的质量与可靠性，在此基础上对各项信息及内容进行总结、数据的产生与处理需要满足处理的根本性需求，将数据实时分析的内容作为处理核心内容，发现实时数据的具体作用。在这一层面上，实时数据的及时处理则需要予以充分重视，数据之间的关系内容呈现出关联性特点。大数据的出现，使得数据之间的各项内容呈现出关联性特点，转变了传统的因果关系体系。这种方式的转变，使得大数据能够实现信息挖掘，提升信息的可靠性，发现大数据的具体价值。

2. 大数据的知识管理

基于知识管理的角度进行分析，数据当中蕴含着大量知识内容，同时也是影响决策内容的重要因素。在大数据时代下，企业想要获取管理决策方面的知识内容，需要大数据对各项数据进行挖掘，从而获得丰富的知识体系。通过上述各项分析内容得知，数据管理与知识管理在一定程度上能够体现企业对大数据的应用状况，保证两方面的协调发展，使得企业在运用大数据的过程中深入挖掘其中内涵，更新企业发展模式，提升企业综合竞争力。

大数据时代，以知识为核心要素的企业创新速度更快、产品生命周期更短；以互联网和电子商务为平台的合作伙伴选择范围更广，企业生态系统的成员结构呈现出一定的动态性；以知识共享和流程优化的生态系统成员合作关系，表现为非线性的竞合关系；以差异化数据为导向的市场细分与行业耦合更趋偶然性。这些非平衡态因素促进了企业生态系统内外的信息、资源、能量等要素的流动，有助于产生自组织现象，以知识为核心要素的技术创新对企业生态系统涨落的冲击力更大。因此，有价值的数据是企业制定战略决策、技术创新、挖掘顾客需求的指南针，也是改变企业生态系统的有序结构形成企业生态系统耗散结构的触发器，从而促使企业生态系统偏离原有的稳定状态，进入新的稳定状态。

（二）对管理决策参与者的影响

1. 凸显数据分析师的价值

在大数据环境下，数据分析师在企业管理决策的具体参与中呈现出重要的作用。数据分析师能够运用统计分析以及分布式处理等各项执行手段，在大量数据的基础上对整个业务操作方面进行有效的整合，通过易于传达的方式将信息传递给决策者。但由于数据分析师人才的大量欠缺，需要多年的培养，在这方面存在一定不足。大数据内容改变了长期以来单纯依靠经验，以及自身具备知识水平与决策能力的决策形式，直觉的判断方式也让位于精准的数据分析内容，使得决策者的自身职能手段发生相应变化。基于企业内部的高层管理人员进行分析，由于传统企业生产经营过程中对于数据方面的应用较为欠缺，并且数据缺乏全面性的特点，高层管理者只能凭借自身的经验进行管理决策内容的制定与判断。

大数据的出现，能够基于数据的基础分析之上，从事实角度出发，结合管理者的管理经验，对决策准确性具有促进作用。对于企业的一般管理者与员工，能够为其提供决策所需要的信息内容，以提升决策能力和决策水平，使决策内容更加倾向于企业的员工。

互联网信息时代，科技水平的发展正在促进各个领域之间的融合，使得产业界限逐渐模糊，社会化的决策内容正在崛起。因此，多元化的大环境内容更加突出，决策来源呈现出广泛的发展趋势，全员参与的管理决策方式也已经被广泛关注。

2. 创新以大数据为基础的关键业务和活动流程

大数据背景下，企业生态系统的主体、资源、结构、价值、边界网络等要素进行不断地动态演化和重构，创新以大数据为基础的关键业务和活动流程是企业生态系统获取竞争优势的动力源泉。创新以大数据为基础的关键业务和活动流程主要包括：

（1）基于大数据的流程优化，提高业务流程的处理效率，如物流企业通过对合作伙伴多维大数据的分析，找出企业物流配送的最优运输模式和路线，提高物流配送效率。

（2）应用大数据作为企业活动的关键资源，创新企业生态系统的价值活动，如玩具制造企业，通过挖掘企业生态系统中合作伙伴的交易数据、客户购买行为数据、产品质量数据等关键资源，改进产品的设计和性能，创造企业新的价值增长点。

（3）以大数据活动取代企业传统的业务和流程，形成企业生态系统新的经营方式和合作模式，如沃尔玛和宝洁公司，通过对商业数据的分析形成联合库存管理，改变了传统的库存管理的业务类型和活动流程。

（三）对管理决策组织的影响

1. 重构决策权

大数据之下的全员参与内容，使得企业决策中的参与决策内容发生转变，对决策权的内容进行重新分配，严重影响企业的决策组织和决策文化的内容。对于企业管理决策组织方面进行分析，主要包含两方面：一方面为集中决策与分散决策的选择；另一方面为决策权的分配问题。

基于集中决策与分散决策的内容进行分析，从组织理论层面来看，可预测的环境对于企业的组织过程施加的影响较小，有利于形成集中分层的决策结构，在不可预知的环境中，分散决策结构对于管理决策具有重要的指导作用。但基于动态变化的环境下，分散决策则更能够发挥出集中决策所不能发挥的作用，为企业管理决策制定提供便利。

除此之外，企业组织结构当中的内容还在一定程度上受到知识分布以及知识转移成本方面的影响，一旦企业内部的高层领导者处于集中状态，就需要通过集中决策结构对管理决策内容进行制定。

基于决策权的具体分配进行分析，企业在市场经济竞争中不具备优势的主要原因是由于没有将具体决策权分配给个人，并未准确评估个人的基本因素，严重影响管理决策内容制定的质量。员工在企业生产经营过程中所掌握的各项技能以及基本的信息量越多，理论上决策权应该越大，知识与权力内容在协调性方面的匹配程度越高，则说明在进行各项管理决策指标方面的内容越好。信息技术与网络技术在现代的发展，应该基于金字塔型代表的传统管理组织模式，已经逐渐转向人本思想管理内容和扁平化组织结构。

在大数据的发展环境下，企业的内部基层员工也能够掌握相应的主动权内容，使得扁平化的发展趋势更加明显，决策分配顺应相应变化。在企业管理决策制定的过程中，有效地吸纳管理决策当中存在的各方面内容，探析大数据环境下组织结构的建设措施。

2. 重塑企业文化

大数据下的企业管理决策文化方面受到一定冲击。但需要注意的是，大数据时代并不是运用大数据去得到具体内容，而是通过应用大数据能够知道哪些内容。将大数据运用在企业管理决策方面，有效地转变思想观念方面的内容，遇到重大决策时，需要对数据内容进行收集与分析，保证各项内容进行准确、有效的决策，在思想转变的同时提升对数据运用的具体执行能力，并且企业内部的管理人员也需要通过数据促进企业内部管理策略文化的形成，并基于具体数据做出合理分析，优化内部文化的管理决策过程。在企业发展过程中，企业管理人员为应用大数据提升内部管理决策方面的环境，在大数据的基础上对整体企业文化制度以及各方面内容进行创新，提升决策的客观性。

企业从海量的大数据中要挖掘出对企业决策有参考价值的数据，需要经历发现、提取、加工、创新等一系列复杂过程，同时需要企业全体成员参与数据的管理和控制，形成以数据为支持的决策导向。这就需要完善企业生态系统的数据处理制度，形成重视数据处理与应用的企业生态系统文化，主要措施包括建立数据收集和处理的制度文化，如数据收集、存储制度，数据传递、共享制度，保障数据安全制度等。建立起企业员工对数据处理和应用的理念，通过员工技能培训、学习、讨论、考核等方式深化企业员工对数据开发和应用的意识，让企业生态系统全体成员普遍接受以数据应用为核心的工作方式。在企业生态系统成员之间建立行之有效的知识激励机制，包括知识明晰机制、知识绩效机制、知识奖惩机制，以形成特有的、规模化的、不断创新的知识资产和核心生产要素，培育重视大数据处理和应用的企业生态系统文化。

三、大数据时代下的企业决策管理

（一）大数据时代下企业决策管理的困境

1. 环境更加复杂

大数据一方面为企业决策管理提供了更为广阔的空间，在企业决策过程中，提供更多的决策信息来源；另一方面，企业面临的决策环境变化速度越来越快，各种与企业相关的数据信息，特别是偶发事件导致数据的不断产生、传播与储存，从客观上要求企业通过云计算平台尽快实现数据的集中整合，构建高度集成的企业决策管理系统，充分挖掘、采集、分析、储存形成海量的企业数据资产。因此，在大数据环境背景下，错综复杂的环境因素影响到企业决策信息的采集与分析、决策方案的制定与选择，从而影响企业对大数据的统一管理，客观上增加决策者进行决策管理的难度。

2. 与企业决策相关的信息价值甄别难度大

大数据时代，互联网上的数据呈现爆炸式增长的特征，人类每年产生的数据量已经从TB级别跃升为 PB、EB 乃至 ZB 级别。数据中所蕴含的信息量超越了一般企业管理者数据处理能力的范畴,不仅使处理信息的工作量加大,传统的数据管理和数据分析技术难以有效挖掘这些数据潜在的价值,导致判断该信息的价值困难程度加大,从而导致企业在进行决策管理时,如何判断、取舍和利用信息价值的难度增大。只有构建基于大数据技术新型的、功能强大的企业管理决策系统,才能为企业更好地采集、甄别、分类、筛选有价值的数据,从而有利于企业决策的制定更加科学化。

3.企业决策的程序滞后于市场变化

传统企业决策程序,一般都要通过长时间的搜集资料、调查研究、分析论证、方案选择与评估,由于决策程序的复杂很可能导致决策的滞后性,最终企业会错失发展的良机。大数据时代,企业需要制定科学的决策,决策程序要高度简化,市场的激烈竞争要求企业能先他人而动,迅速做出决策,抢占市场制高点,在市场中占有一席之地,即企业未来的竞争主要就是基于大数据的竞争。通过应用大数据中的数据挖掘与分类整合功能,找出对企业决策有价值的数据参考,并迅速进行判断。

4.企业决策的主体更加多元化

进入信息化工业时代,由于企业决策要求的技术化和知识化不断加强,以及数据的不断增多,不少专家、学者,甚至是技术人员也加入到这个决策群中。随着企业决策主体的增加,决策智库成员的多样化与知识的多元化,在一定程度上,可以使企业决策中集体主观判断的失误率下降。为提高决策管理的科学化程度,企业级决策管理系统应尽快构建,以更广泛地应用大数据中的数据采集、分析、筛选技术,形成科学的决策数据指标,更好地为管理决策服务。

5.传统的企业决策方法有待创新

大数据时代,企业决策的制定必须以决策数据为依据,大数据研究不同于传统的逻辑推理研究,其要对数量巨大的数据做统计性的搜索、比较、聚类、分类等分析归纳,关注数据的相关性(或称关联性),通过构建大数据支持的企业决策管理系统,在数量众多的数据中找出某种规律性与隐藏的相互关系网,一般用支持度、可信度、兴趣度等参数反映相关性。只要从数据挖掘中发现某种方法与增加企业利润有较强的相关性,就可能为企业决策管理提供战略支持。数据的相关性及其对于企业决策的重要性,就从客观上要求企业管理者应顺应形势及时改进决策管理的方法。

(二)基于大数据支持的企业决策管理系统的构建

1.基于生态系统及其协同共生的决策创新

大数据为现代企业的运营管理模式带来了深刻变革,使得企业可以整合产业生态链资源,进行产业模式创新;可以重塑企业与员工、供应商、客户、合作伙伴之间的关系进行企业管理创新;可以整合资源,创新协同价值链,提供新的产品与服务,打造新的商业模式。事实上,基于企业大数据的新型企业管理理念和决策模式正在商务管理实践中涌现。

现代企业将逐渐摒弃"以产品为中心"、注重微观层面的产品、营销、成本和竞争等要素的传统管理模式，转变为"以服务为中心"、注重宏观层面的资源、能力、协同发展、价值创造和产业链合作等要素所面向的"社会媒体——网民群体——企业群"三位一体、和谐共生的"企业网络生态系统（enterpriseeco system）"的新型管理模式。因此，结合社会媒体和网民群体产生的丰富的企业大数据，研究企业群体的共生／竞争协同演化，建立可持续发展的企业网络生态系统，对于企业管理与决策具有重要意义，同时应重点关注基于社会化媒体的企业众包与协同发展、基于网络大数据的企业生态系统建模、企业生态网络中的协调运作与分配机制等。

2. 大数据支持的企业决策管理系统

在大数据背景下，海量而复杂的数据对企业决策管理系统原有的技术体系结构提出了挑战，同时也要求具备更强的数据分析处理能力及数据驱动业务的能力。为了更好地利用大数据技术并运用到企业决策管理中，需要构建新型的基于大数据支持的企业决策管理系统模型，对企业原有的业务流程进行优化重组，对各类数据等进行整合。构建基于大数据支持的企业决策管理系统，将之分为三个层面，即数据的获取层、数据的处理层及数据的应用层。数据获取层主要有四个来源，即访问数据、交易数据、网络数据和购买数据。数据的处理层又称为决策协调控制系统，分为五个子系统，分别是决策数据采集子系统、决策数据分析子系统、决策数据筛选子系统、决策数据服务子系统，以及协调控制子系统，其功能依次是数据采集、分析、筛选、服务和协调控制。数据的应用层是基于大数据的企业经营策略，具体包括生产策略、营销策略、财务策略、运营策略、客服策略、公关策略。

四、大数据对企业财务决策的影响

（一）对财务决策工具的影响

在市场经济条件下，企业间的竞争日趋激烈，高效的财务决策已经成为企业角逐的重要砝码。而正确的财务决策往往建立在有效的事实以及大量相关的数据分析基础之上，这对企业的软件技术提出更高的要求。但是，现阶段的企业会计电算化只是主要将手工做账变为电脑做账，真正会分析应用财务数据的电算化系统少之又少。当企业的财务决策人需要某些汇总的数据时，甚至还需要会计人员从电算化系统中先导出后再进行人工整合处理，无疑这直接影响企业的工作效率。在大数据环境下，与企业决策相关的数据规模越来越大，类型日益增多，结构也趋于复杂。海量的数据意味着增加了有效使用数据的难度，因此，对企业信息智能化的要求越来越高，财务分析和决策系统也要求做出改进。

（二）对财务决策参与者的影响

1. 更加有利于科学化的决策

传统模式下的财务决策人员往往习惯于借助自身经验来做出决策，但时代在进步，企业所处的决策环境也越来越复杂化，如果财务决策者还是一味地依赖于自身经验，恐怕无法适应市场发展要求。企业管理层必须借助数据挖掘等技术用"数据的眼光"发现和提出正确的问题，从问题出发，基于假设分析解决问题，将决策重心拉回到问题本身上来。大数据分析系统能够运用其强大的数据挖掘技术进行信息汲取，再基于分析得出的财务信息对企业的未来业务进行合理预测。这样有效借助大数据将企业的财务数据与非财务数据进行整合，避免决策者单纯依靠自身经验决策而带来的风险。大数据分析系统还会在决策人员提取信息时提供相关的辅助信息，使决策过程更加智能化，企业财务决策的效率也提高了许多。

2. 促进决策者与相关人员的信息交流

大数据管理系统使企业各个部门间的信息交流更便捷和公开化，企业一般管理者和员工也能很方便地获取与决策相关的信息。在此基础上，如果企业管理者能与一线员工并肩作战，集思广益，就会使决策的能力及质量大大提高。大数据下的财务决策除了有利于企业内部的信息交流，也方便了企业与会计师事务所、工商部门和税务部门等利益相关部门之间的信息沟通。随着云计算技术的推广，企业为了更方便地利用云端平台，会将企业的运营数据存放在云端而不只是企业内部的服务器上。这给注册会计师的审计工作提供了便利，企业在运营过程中产生的财务数据和非财务数据也可实时接受工商和税务等政府部门的监管，有利于企业健康良好的发展。

3. 提高了财务管理人员的专业要求

随着大数据技术的快速发展和日益成熟，企业在处理日常业务时会经常建立新的分析模型，这就对财务报告的及时性、现金流的能力以及财务信息的数据挖掘能力等提出了更高的要求，相应地，企业财务人员也要丰富自己的知识和能力。财务人员不仅需要熟练掌握财会方面的专业知识，同时，还需要储备点统计学、计算机科学等方面的知识，这样才能对提高数据可视化水平提供更加广泛的专业支持，所以大数据时代的财务工作者，应当与时俱进，推动财务管理创新。

（三）对财务决策过程的影响

1. 在决策目标的制订方面

过去企业所有的管理决策都是依据自己的产品需要来运作的，而现在，则要以客户的需求为主，采集客户的需求信息后再制定生产计划。就比如淘宝店的好评和差评机制，顾客对产品的好恶对企业产生很重要的影响。大数据系统能够基于这些整合、分析这些数据，对企业的财务现状进行总结，为企业未来的经营目标做出精准定位。

2. 在企业全面预算方面

市场充满了不定性。因此，企业需要定期基于当前的生产经营情况对未来一定阶段进行计划安排。但是，目前许多企业的全面预算都是基于企业管理人的经验加上静态数据建立而成，缺乏应变性。大数据弥补了抽样调查手段的不足，由于抽样调查所抽取的样本容易受到主客观各种因素的干扰，强化了数据分析结果的真实性。基于大数据的商业分析能够建立在全部样本空间上面，能够准确完成企业业务的相关关系预测，有利于企业全面掌握客户信息以及产品反馈情况，帮助企业动态实施全面预算，应对市场的变化，真正有效地实现企业的个性化运营。

3. 在成本核算方面

成本核算是对企业经营数据进行加工处理的一个过程。企业财务人员会对一定期间的生产经营费用进行核算，并根据生产情况分配费用，而只有从多渠道获取数据才能够实现成本的精准核算。透过大数据技术，企业能够多渠道得到成本数据，并据其分析出符合实际需求的材料用量标准。在系统中实现对工资明细、进销存单据和制造费用等结构化和非结构化数据的共享，这样做能够使成本核算更加细化和精准，也有利于企业进行重点成本分析，最终实现成本的精准核算。

五、大数据时代下的财务决策

（一）通过财务战略优化资源配置

1. 利用大数据优化财务分析

要想更好地提升企业的财务管理能力，企业就必须进一步明确财务分析和大数据的关系，统筹兼顾，实现资源的优化配置。众所周知，财务数据是企业最基本的数据之一，其积累量较大，其分析结果直接影响着企业财务管理的最终质量。因此，企业在进行决策分析时，必须坚持客观公正原则，以财务数据为基础，制定明确的分析指标和依据，以保证企业财务管理的平稳推进和运行。在进行财务分析时，财务管理人员应先查找和翻阅当期的管理费用明细，并将其与前一阶段的数据进行对比，找出二者之间的主要差异，从而找出管理费用的变化规律，最终得出变化原因。在进行原因分析时，财务管理人员可以建立一个多维度的核算项目模型，并在模型中做好变化标记。

在整个分析过程中，财务人员往往要花费大量时间用于管理费用的核算与验证，同时查找相关资料。在财务软件中，上述系列动作要切换不同的界面。而如果利用大数据技术，只要通过鼠标的拖拽，就可以在短短几秒钟内分析出所有管理费用明细发生在每个部门的情况。对于企业的决策者而言，通过对财务信息的加工、搜集和深度分析，可以获得有价值的信息，促使决策更加科学、合理。

2. 利用大数据加强财务信息化建设

大数据可能对会计信息结构产生如下两个方面的影响。

（1）会计信息中非结构性数据所占的比例会不断提高。大数据技术能够实现结构性和非结构性会计信息的融合，提供发现海量数据间相关关系的机会，并以定量的方式来描述、分析、评判企业的经营态势。因此，我们越来越有必要收集非结构化数据，并加以解读和理解。

（2）在特定条件下，对会计信息的精准性要求会降低。大数据时代，会计信息的使用者有时可以接受非百分之百精确的数据或者非系统性错误数据，这可能会对会计信息的质量标准提出新的观察维度：会计人员需要在数据的容量与精确性之间权衡得失，是强调绝对的精准性，还是强调相关性。

为此，在财务信息化的建设上，第一，在企业内部逐步建立完善的财务管理信息化制度。制度保障是企业信息化的第一步，因为信息化并不是一蹴而就的，只有从制度层面做出规定，才能保障信息化切实有效地推进。构建网络化平台，实现企业的实际情况和网络资源的有机结合，达到解决企业信息失真和不集成的目的。构建动态财务查询系统，实现财务数据在不同部门之间的迅速传递、处理、更新和反馈。第二，加强监管力度。发挥互联网的优势，利用信息化的手段实时监控各部门的资金使用情况，将资金的运行风险降到最低，使资金的使用效率最大化，同时要注意保障财务数据安全。

3. 构建科学的财务决策体系

为建立科学的大数据财务管理决策体系，第一，要强化企业决策层对大数据的认识。因为在传统决策中依靠经验获得成功的案例比比皆是，再加上大数据需要投入大量的人力、物力，短期内很难给企业带来明显的效益提升，所以很多决策者认为企业财务决策与大数据关系不大。这种认识是片面的，企业只有正视这种变化，才能够从数据中获得自己想要的信息，认识到自己面临的风险，从而做出合理的决策。第二，要结合企业的实际情况，建立有效的基于大数据的财务决策流程。要改变过去"拍脑袋"做决策的模式，通过积极地收集企业相关数据，建立大数据平台，利用先进的技术从数以千万计甚至亿计的数据中收集、处理、提取信息，挖掘问题背后的相关性，探索企业隐藏的风险和商机，找出问题的解决方案，实现由数据引领决策的目的。

（二）基于大数据的财务决策案例

大数据是数据分析的前沿技术，涉及数据的获取、存储、处理以及应用。构建大数据产业链有利于企业掌握信息技术发展的主动权，提高信息的使用效率。财务决策作为企业财务管理的核心，重在解决企业发展过程中投资、融资以及财务资源再配置的问题，以满足企业构建产业链过程中对资源的需求。阿里巴巴集团成立于1999年，自成立以来，集团建立了领先的消费者电子商务、网上支付、B2B网上交易市场及云计算业务，成为中国最大的网络公司。随着大数据时代的到来，阿里巴巴集团提出大数据战略，并进行适时的财务决策。

1. 持续引进风险投资为产业链提供资金支持

风险投资（VC）主要是指面向新兴的、迅速发展的、具有巨大竞争潜力的企业所进行的权益性投资。风险投资更符合高新技术产业发展的客观规律，它拓宽高新技术产业的融资渠道，是高新技术企业十分重要的资金来源。阿里巴巴集团就是高新技术企业运用风险投资的典型代表，在构建大数据产业链的过程中持续利用风险投资来获得资金支持。

在初创时期，阿里巴巴集团获得了来自高盛的 500 万美元的天使基金，解了燃眉之急；2000 年，互联网行业处于低谷，阿里巴巴集团获得了来自软银的 2000 万美元风险投资资金，顺利渡过难关；2005 年，阿里巴巴集团引入雅虎 10 亿美元的投资。由此可见，风险投资在阿里巴巴集团的发展道路上扮演了重要的角色，集团将这些资金集中用在了技术研发和产业链的构建上。在提出大数据战略计划之后，阿里巴巴集团面临产业链构建中的技术、资金、市场以及管理结构等多方面的问题，企业的经营风险、技术风险、管理风险进一步加大，与此同时，产业链的构建要求以丰厚的资金作为基础。2012 年 2 月，阿里巴巴从银团获得 30 亿美元、贷款利率在 4% 左右的 3 年期的贷款，银团成员包括澳新银行、瑞士信贷集团、星展银行、德意志银行、汇丰控股有限公司以及瑞穗金融集团。2012 年 9 月，阿里巴巴集团获得来自中投联合中信资本、国开金融等 20 亿美元风险投资资金。这些资金注入企业，集中用于企业技术研发和创新、产业内资源的并购和整合、疏通产业链的现金流，在此基础上阿里巴巴集团形成了广阔的大数据资源、先进的技术和专业的管理团队，同时实现了大数据的存储、分析、应用的连通和推广，加速了产业链构建的步伐。

2. 设立云基金以投资于产业链核心技术领域

从技术角度看，大数据与云计算的关系就像一枚硬币的正反面一样密不可分，大数据产业链的构建必须以云计算技术为依托。2009 年 9 月"阿里云"作为阿里巴巴集团的子公司成立，致力于打造云计算平台，为集团大数据产业链的构建提供核心技术支持。2011 年，阿里云公司正式对外提供云计算服务，云计算平台的稳定性和成熟度也在日益完善。阿里云计算取得的骄人成绩和阿里巴巴集团创新使用云基金为云计算投资是密不可分的。2011 年，阿里云公司联合云锋基金启动总额达 10 亿元人民币的"云基金"，云基金的宗旨为支持开发者基于阿里云计算的云引擎开发应用、服务和工具，扶持、引导其成为各自领域内的独立、伟大的公司。阿里巴巴集团创立云基金，为云计算的开发和应用环节持续注资，提高了云计算的发展和应用速度，进而加快了大数据产业链的构建步伐。在云基金的支持下，阿里巴巴集团加紧了布局云生态圈的步伐，阿里云公司先后开展了弹性计算云服务、淘宝云服务、阿里云地图服务、阿里云 OS 等服务。同时，阿里巴巴集团还以云基金为支柱，帮助云计算技术上的合作伙伴，支持他们转化为云开发商，从而丰富云计算上的产品和服务。这样做使得阿里巴巴集团和产业链各环节企业之间的交流合作更加紧密，为技术的创新和应用提供了强大的动力。

3. 兼并同产业优质企业，构建"大数据拼图"

2009 年到 2013 年，阿里巴巴集团以 5.4 亿元人民币分两期收购中国万网。中国万网在互联网基础服务行业中的领先地位非常明显，并在"产业布局、客户基础、技术地位"等多方面都具有领先优势。合并中国万网对阿里巴巴集团在中小企业电子商务产业链上的布局有重大促进作用。2012 年 11 月，阿里巴巴集团以 4000 万美元投资陌陌，重在获取后者基于位置的群组社交功能。2013 年 5 月，阿里巴巴集团以 5.86 亿美元购入新浪微博公司发行的优先股和普通股，占微博公司全稀释摊薄后总股份的约 18%。阿里巴巴集团通过收购新浪微博和陌陌的股份，拥有了丰富的社交数据。2013 年 4 月，阿里巴巴集团收购虾米网，随之而来的是充足的音乐数据。2013 年 7 月，阿里巴巴集团投资穷游网，获得了大量在线旅游数据。2014 年 4 月，高德控股有限公司正式与阿里巴巴集团达成并购协议，阿里巴巴集团将占高德截至 2014 年 3 月 31 日总发行在外股份的 28.2%。阿里巴巴集团入股高德后，将进一步加快两者在数据建设、云计算等多个方面的合作步伐，为大数据产业链带来宝贵的地理数据。2014 年 6 月，阿里巴巴集团宣布收购 UC 优视公司全部股份。截至 2014 年 5 月 7 日，阿里巴巴集团一共持有 UC 公司 66% 的股份，累计投资金额超过 6.86 亿美元。UC 将持续为阿里巴巴的产业链提供移动浏览数据。阿里巴巴集团的并购活动和大数据产业链的构建紧密联系在一起，并购为产业链的构建引进了海量的数据，实现上溯产业链的目的：通过资源的整合为产业的技术发展注入了新鲜的血液，加速了大数据的处理和分析过程，以实现产业链中游的畅通无阻。同时，还拓宽了大数据的应用，让更多的企业和人员参与到大数据蓝图中来，为大数据向产业链下游的延伸奠定了基础。

4. 优化组织结构，密切配合产业链整合

产业链的构建涉及新业务的开发，以及对原有业务的创新。为了顺应大数据产业链的发展，阿里巴巴集团对产业链内的核心优质资源进行了并购和整合，集中投资于产业链的核心技术领域，努力开发并形成了初具规模的大数据应用市场。同时，大数据产业又是一个竞争异常激烈的产业，新技术、新市场、新业务以及外部环境的新变化要求更新、更有效的组织结构与之相匹配。为了应对产业链构建过程中内外部环境的变化，阿里巴巴集团适时地进行了组织结构的调整。2012 年，阿里巴巴集团设立首席数据官 CDO，对数据进行集中的管理和管控。2013 年，阿里巴巴集团专门成立了数据委员会，为集团所有事业部提供数据支持。2013 年 9 月，阿里巴巴集团成立包括数据平台事业部、信息平台事业部、无线事业部、阿里云事业部在内的 25 个事业部。2014 年，阿里巴巴集团又对组织结构进行了大调整。阿里巴巴集团组织结构的调整为大数据产业链的全面形成提供了组织上的支持和保证。

第三节　大数据时代对企业财务信息挖掘的影响

一、数据挖掘技术在企业中的应用

（一）数据挖掘技术在企业投资管理中的应用

数据挖掘技术在企业投资管理中的应用能有效提升投资收益，降低投资风险，因此，企业应该加大数据挖掘技术在企业中的应用。首先，投资前应该对投资企业各方面的数据信息进行深入调查，通过数据挖掘技术深入地分析投资企业的财务情况以及未来的发展潜力，精确地估算企业投资的收益率，从多方面综合比较投资对象的情况，从而帮助企业做出正确的投资决策。其次，企业的财务人员可以利用数据挖掘技术对整个市场环境进行分析，从而帮助企业判断在目前的经济大环境下是否应该投资，如果适合投资，投资什么样的行业以及企业才能使企业的风险性最小，收益性最大。

（二）数据挖掘技术在筹资决策中的应用

企业在日常的经营过程中，难免会出现资金紧张的情况，因此需要从外界获得资金，进行筹资。然而，筹资的渠道多种多样，各个筹资方式都有其自身的优势与劣势，企业在如何选择筹资方式时非常的头疼，即使经过仔细研究也不能保证其最终确定的筹资方式符合企业发展需求。应用数据挖掘技术，企业就可以根据自身筹资数据、筹资的时间要求等多方面的条件对市场中的筹资方式进行深入的分析和了解，然后选择一种与企业筹资需求最为接近的方式，既能满足企业的筹资需求，又能节省企业的筹资成本，对于企业长期稳定的发展非常有帮助。

（三）数据挖掘技术在产品销售中的应用

企业都是通过销售产品最终确定企业的经营利润的，如果企业不能顺利的实现销售，那么企业存在的意义将不能实现，很快就会面临倒闭，由此我们可以非常清晰地知道销售对于企业生存的意义。数据挖掘技术能够有效地分析市场的供求关系，帮助企业确定市场上最好销售的产品类型，让企业获得更多销售机会。企业在应用数据挖掘技术帮助企业进行销售的过程中，首先应该建立趋势分析模型，帮助企业做好销售规划，让企业的产量与销量实现动态平衡。其次，企业应该利用数据挖掘技术分析出哪些产品具有长期的发展潜力，通过对产品市场潜力的挖掘扩大企业的生产，使得企业能够充分地抓住发展机遇，获得更好的发展。

（四）数据挖掘技术在财务见险分析中的应用

企业在日常运行的过程中会面临各种各样的风险，数据挖掘技术能够通过数据分析有效控制企业的经营风险，帮助企业获得更加稳定的发展。企业在应用数据挖掘技术进行财务分析的过程中，首先，应该注意对企业各个方面的数据信息进行全面的收集，确保数据分析结果的全面性与准确性。其次，企业应该建立风险预测模型，把相关数据录入到风险预测模型中，利用风险预测模式对企业可能面临的风险进行准确的预测，提前防范风险的出现，如果不能很好地防范风险应该立即停止相关活动的进行，一切以保证企业的正常运行为根本出发点。

二、大数据时代的企业财务信息

（一）大数据时代企业财务信息的问题

1. 财务信息的相关性与及时性

目前，各企业财务人员多是在一个会计期间结束后才会提供具体的财务数据。这些财务数据更多地反映企业前一阶段的具体经营成果。而财务信息数据不能很好地在企业运营阶段的各个环节及时、有效传递，造成财务信息经常变成"事后诸葛亮"。

如今的财务信息提供的是标准版的三大主表、各类财务比率。这些数据对企业使用者来说相关性不大，成本中心关注的是生产成本，销售部门关心的是不同区域、不同产品的销售情况。在大数据日益变动的时代，简单的三大主表及各种财务比率已不能满足内部使用者需求。

2. 企业财务信息处理难度不断增加

在大数据时代下，企业财务不仅要面对外部带来的信息交换压力，还要处理好内部各类数据信息的交换处理问题。大数据导致信息化面临高度分散和高度非结构化的数据源，对财务信息和业务信息的内部配合提出了新要求。同时，数据越来越多，要从财务、业务、内部控制、政策等多种多样的数据中提取及时、有效的财务数据，难度更高。

3. 专业人才队伍较为缺乏

大数据时代下的财务信息要求专业信息技术较强的相关人员在企业内部控制制度的指导下，借助不断升级的网络技术，采集、加工和处理企业内部与外部的各类数据，以得到具有针对性、时效性的财务信息。由此可见，取得更有效、更有针对性的财务信息是一项既需要具备财务专业知识，也需要涉猎计算机等其他专业领域知识的综合性工作。对这种专业性强、复杂度高的综合性工作，只有具备相关领域的专业知识和操作技能，才能提供更有价值的财务信息。然而，从实际情况来看，当前很多企业的财务专业人才较为缺乏，且对工作人员的综合素质培养存在一定缺陷。

（二）大数据时代提升企业财务信息化的措施

1. 强化对财务信息的重视程度

大数据时代下的财务信息在一定程度上打破了当前企业的财务运作模式，财务信息将从订单、采购、生产到库存、销售等整个环节提供信息支撑。及时、准确的财务信息将在很大程度上提升企业应对市场变化的适时性和有效性。

对企业决策者来说，应充分认识财务信息工作改变的迫切性，财务信息带来的改变将是一项影响企业长远发展的战略性改变。只有打破传统财务信息提供模式及数据类型，才能建立适用于自身的大数据时代下的财务信息管理系统，并最终有效作用于企业整体战略目标的实现。

2. 设立单独的财务信息管理机构

在大数据时代，设立单独的财务信息管理机构十分必要。企业的核心资源不再局限于货币资金、土地和知识产权等，商业数据也具有同等地位，数量巨大、形式多样的商业数据最终会通过各种形式在财务数据中体现。因此，设立单独的财务信息管理机构并配备具有高度综合素养的财务管理人员来处理商业数据等相关信息数据十分必要。将财务信息管理机构从会计部门中独立出来，配备具有丰富经验的从业人员，可以在体制上使财务信息管理人员从繁杂的会计核算中解脱出来。同时，该部门应配备擅长数据分析的专业人员，专门负责数据解读，实现优势互补。

建立科学的管理框架和流程是提高企业财务信息化、收集数据、处理数据能力的关键。为使企业财务信息化得到有效贯彻，企业决策及管理人员要正理解信息为管理、为经营服务的本质意义，将科学决策信息支持的工作理念引入经营的各方面。作为企业管理信息化的中心环节，企业财务信息化要和企业基础数据信息化、业务流程信息化、内部控制过程信息化等多种环节交织。财务信息化系统需要实现企业中心数据库与事业部门子系统相互关联，使经营过程中的采购、生产及销售系统中物资流信息与财务信息相关联，从而使企业经营决策具有科学性和实效性。为此，建立科学的管理框架，梳理出科学有效的业务流程，就成为确立企业信息化系统如何筛取重要数据的基础。

3. 建立科学合理的财务信息分类制度

大数据技术可帮助企业建立快速、实时的分析工具，实现产品周期无缝、无差别分析，为企业产品发展提供有效信息支撑。同时，通过大数据技术，财务可为企业发展的各环节提供不同的且有针对性的财务信息，使财务信息不再是公众化的三大报表及财务比率。

在大数据时代，科学技术不断提升，财务人员可根据具体的产业链环节建立财务模型，针对具体环节提供对应的财务数据。例如，实时提供给成本中心需要的产品成本单价，成本中心根据单价情况及时调整工艺或原材料，确保价格优势；提供给销售部门不同区域、不同产品、不同利润率及回款率，使销售部门做出更及时、更有效的反应，确保企业获得最大利润。

4. 提高财务信息化人才队伍的能力与素质

日益复杂的财务环境对企业财务管理提出了更高要求，培训是提高员工综合素质的有效手段，企业需结合自身实际情况，聘请经验丰富的专家指导财务管理人员工作，激发其学习积极性，提高其业务能力。财务数据是企业财务管理的基础，大数据时代财务数据更多的是电子数据。因此，财务管理人员应熟练掌握计算机技术，集中处理数据，提取数据中对企业有利的信息，建立企业需要的新的数据分析模型，合理存储和分配财务资源，进而做出最优的财务决策，及时为企业提供有效财务信息。

三、财务领域中的数据挖掘应用

（一）数据挖掘与大数据时代的关系

数据挖掘主要是指财务人员利用科学有效的方法，从大量的数据信息中提取出一些有用的信息帮助企业进行财务管理的一项新兴技术。通过数据挖掘技术能有效提升企业财务管理水平，强化企业各方面的资金运行管理能力，帮助企业获得更加长远稳定的发展。数据挖掘技术在应用过程中需要应用数据库以及人工智能等多方面的知识，因此，企业财务人员想要把数据挖掘技术应用于财务领域必须要加强对各方面综合知识的学习与掌握，只有这样，数据挖掘技术才能充分发挥其自身作用，企业的财务管理水平才能获得实质性的突破与进步。大数据为数据挖掘提供了充分展示的舞台，同时数据挖掘也使得大数据有了更为重要的价值。主要表现在以下几方面。

第一，数据挖掘能够有效地降低管理的成本。大数据有效地推动着知识竞争的深度和广度，构成了知识竞争的重要基础。对企业而言，可通过数据分析优化各个运营环节，辅助决策；还可以通过对海量、精确的客户数据进行分析，或者借助第三方数据分析平台，了解客户的消费行为，预测销售，进行精准营销。

第二，数据挖掘能够实现过去无法或者难以实现的功能。对于一些特殊行业，比如通信行业，通过定位对个人位置信息进行分析挖掘，能够与其他一些公司合作，实现针对性服务，创造新的利润增长点。

第三，数据挖掘创新了管理模式。大数据将会改变组织传统的管理模式和运营模式，成为组织的神经系统中心，有效降低管理成本，提高快速反应能力。通过对大数据的分析与挖掘，能够实现管理流程的优化，将粗放式、经验式的管理变为精细化、数据驱动的管理。

（二）数据挖掘技术应用于财务领域的重大意义

1. 提高了企业财务信息的利用率

企业的财务管理水平之所以不高主要是对企业相关信息的利用率低造成的，很多企业为了提高财务管理水平而盲目地学习西方先进的财务管理理论，却忽视对企业自身实际情况的结合，因此，一些企业即使使用了国际上非常领先的财务管理理念，其财务管理水平依然是停滞不前。企业使用数据挖掘技术以后能够通过数据挖掘技术对现阶段企业各方面的实际情况进行清晰的了解，企业财务人员根据企业的实际情况制订符合企业的财务计划，实行切实可行的财务管理，能够有效提升企业的财务管理水平，增加企业信息的利用率，让企业信息被充分的利用起来，发挥其自身的作用。

2. 简化财务人员的工作量，提升财务人员的工作效率

数据挖掘技术的应用需要使用人工智能技术。人工智能能够为企业财务管理提供更加方便快捷的财务运行流程，降低财务人员的财务工作量，提升财务人员的工作效率。数据挖掘技术在应用的过程中还需要应用数据库技术，因此，财务人员在应用数据挖掘技术的过程中能够有效地提升数据分析的工作效率，增加财务数据分析的准确性。由此我们可以看出，数据挖掘技术是一项综合性非常强的技术，它集多种先进技术于一身，对于提升我国企业财务管理水平做出了非常重大的贡献，为企业长期稳定的发展奠定了坚实的基础。

3. 极大地满足了财务信息智能化需求

财务计划一般都是按照企业以前的财务数据进行分析后制定的，在财务计划具体的实行过程中，还会受到实际情况的左右，企业还需要针对实际情况调整财务计划。传统的财务分析都是通过设置机械化的程序来帮助企业进行财务管理。随着我国市场经济的发展，机械的程序化作业已经不能满足企业对于财务管理的要求。数据挖掘技术能够实现对财务的动态管理，通过人工智能对企业实际中出现的问题进行动态管理。企业管理者能够随时查询自己需要的财务信息，与此同时，数据挖掘技术还能利用数据信息获得更多更有价值的信息，增加企业信息的利用效率，满足企业财务管理的需求。

4. 有效降低企业的经营成本数据

数据挖掘技术是目前较新型的技术，它极大地满足了现阶段企业财务管理的需求，有效降低了企业的经营成本。首先，数据挖掘技术是利用计算机技术来完成的，它省去了大量的人工分析整理工作，有效提高了财务工作人员的工作效率，降低了企业的人工成本。其次，数据挖掘技术的准确性非常高，这就使得财务人员不用浪费大量的时间寻找财务管理中的错误，降低了财务数据的错误率，增加了企业管理者决策的准确性，最大限度地降低企业因为决策失误造成的损失。再次，财务模型的建立使得企业减少了财务管理的工作量，使企业财务活动更加规范化，间接提高了财务人员的工作效率，降低了企业的经营成本。

（三）大数据时代财务信息管理应用数据挖掘技术

根据数据挖掘技术的性质、功能及其应用条件，结合财务信息管理的发展趋势与环境，以及财务信息管理技术创新的迫切需求，以论证财务信息管理相关领域应用数据挖掘技术的可行性。

1. 财务信息管理技术方法创新的需求

20 世纪 70 年代以来，尤其是最近十年，企业的外部环境发生了许多新的变化，如何

在变幻莫测的环境中求得生存和发展，成为企业面临的重大问题，战略管理理论由此产生并发展起来。而后，以注重环境适应性为特征的战略管理会计也应运而生，对原有的管理会计技术方法提出了挑战，因此就产生了财务信息管理技术方法创新的需求。

财务信息管理原有的技术方法由于其数学假设过强，解决问题的思路过于结构化，大部分方法面向的主要是确定性的管理问题，因此在新的商业环境中显得力不从心。面对新的竞争环境和经济形态及企业经营管理的新思维，财务信息管理的原有技术有些难以胜任，技术方法创新的需求日益迫切。

2. 数据挖掘技术能够满足财务信息管理技术方法创新的需要

财务信息管理本身就是一门多学科交叉的边缘学科，其在发展过程中不断吸收相关学科的技术方法来丰富和发展本学科的技术。数据挖掘技术在处理海量数据方面、数据的深入加工和隐含知识的发掘方面，具有特殊的功能与技术优势。无论从财务信息管理兼收并蓄的特征出发，还是从数据挖掘的技术优势考虑，财务信息管理与数据挖掘技术的融合都是自然而然的。

大数据时代的数据挖掘较之前的传统数据分析的优势在于能够对数据进行全量级而非样本级别的分析，能够进行混杂数据类型而非精确类型的数据分析，能够进行相关关系而非因果关系的分析。这三大方面不仅是区别于传统数据分析的特征，同时也是现代财务信息管理所需要的技术特征。

3. 财务信息管理职能的变化

财务信息管理是为企业经营管理服务的。企业的经营管理，是指企业的管理人员对企业的生产经营活动过程进行计划、组织、领导、协调和监督的一系列活动的总称。作为向企业管理提供服务的决策支持系统，财务信息管理要针对企业管理的每一个具体步骤采取措施与之相配合。财务信息管理的职能一般可分为三个方面：成本确定和成本计算，决策与规划财务，控制和评价财务信息管理。在大数据时代的冲击之下，财务信息管理的职能必然发生变化。

（1）成本确定和成本计算

在财务信息管理提供的各种信息中，成本信息是核心。企业经营活动的各个环节都离不开成本信息的运用，财务信息管理在参与企业决策、编制计划和预算等过程中处处贯穿着成本确定和成本计算，因此，成本确定和成本计算是管理会计内容的重要方面。目前的成本确定和成本计算所提供的信息仅限于企业的内部信息，即成本确定和成本计算的数据来源只是由企业内部提供，这对于大数据时代的企业需求是远不够的。企业需要外部信息，即需要产品竞争对手的信息、行业供应链供应商的信息、本企业和购买商之间的各种竞争与合作的企业外部信息。那么这些企业外部的信息结构就不是企业所能控制的，即外部信息多为半结构化或非结构化的，对这些数据的分析就需要大数据的数据挖掘技术，将这些混杂的非精确的以及机构化的数据进行全量的相关关系分析。因此，基于数据挖掘的企业成本确定和成本计算所能提供的信息，远远超出了传统的成本确定和成本计算的内容，能够为企业的生产、销售活动降低更多的风险，提高企业的管理水平。

（2）决策与规划财务

在企业进行决策的过程中，现代财务信息管理的职责主要是以企业价值可持续稳定增长为目标，着重于以顾客为中心，多种类型的管理会计信息为依据，综合评价各个方案的得失，从而选择最佳方案。在企业的经营决策中，包括：短期经营决策，长期经营决策，企业战略目标的决策，以及企业的其他一些重要决策。显而易见，这些决策的产生必须要有大量甚至海量的数据分析支持，尤其是在这个越来越以数据为主的时代，对大量甚至海量数据的分析恰恰是数据挖掘技术的优势所在。预测作为决策的前提和基础，必须要有精确的分析。现有的预测都是基于企业内部的生产活动和管理进行的，对外部市场的变动信息依赖不多。以销售预测为例，一般地，企业基于历史销售数据和预期销售，通过现有模型的分析，最后得出销售预测。但是，由于技术的局限性，企业没能把同类产品信息、天气、客户消费习惯、目标市场的人文地理和其他一些因素进行分析，这就使得预测的准确性大打折扣。而在数据挖掘技术的支持下，这些因素都是可以进行分析的。

（3）控制与评价财务信息管理

控制与评价管理是经营管理者的基本职能。在企业内，经营管理活动都是在各个不同组织单位进行的，这些组织单位一般根据作业场所或职能不同来划分。一般来说，所谓管理，首先要确定作为依据的基准原则，然后再对下属单位进行指导或监督。控制与评价管理也是这样，在控制与评价管理中适当确定控制与管理的基准或应该达到的目标是十分重要的。控制与评价管理能否做到首尾一致地实施，关键就在于能够确定适当的基准。前面讲到，数据挖掘的主要功能就是把数据进行类别化，关联化，找出内在的联系，这种功能对于确定控制与评价管理的基准能够提供很大的帮助。

（4）财务信息管理展望

随着社会与技术的不断进步，财务信息管理的职能必然在不断地增加，其中对财务知识的管理必然会是管理会计职能的一个重要内容。首先，数据挖掘技术本身就是知识发现的一个重要过程，在对财务数据和非财务数据的大量分析中，知识将会不断地积累，从而成为财务信息管理的一个重要内容，把企业的财务知识保存起来，成为企业的核心能力。再者，财务信息管理绝非纯技术性工具，要更深层次研究，财务信息管理涉及人的价值观念和行为取向问题。因此，行为财务信息管理也有可能成为未来财务信息管理的一个组成部分。在财务信息管理信息的产生、传递和适用过程中，如何解释、预测和引导各有关人员的行为，使财务信息管理信息的行为职能在企业组织得到有效的发挥，将会成为未来财务信息管理研究的内容。

第四节　大数据时代对企业财务管理精准性的影响

一、大数据时代下的企业财务精细化管理要求

（一）增强精细化财务管理理念

目前，市场经济发展迅猛，企业之间的竞争激烈，企业要想获得长远发展就必须提高管理水平，其中财务管理工作占有重要地位。目前，有些企业的管理者没有注重改革财务管理方式，没有建立全面财务管理体系，导致财务管理工作的片面性，影响了企业的经济效益。基于此，企业财务管理工作应该增强精细化财务管理理念。精细化财务管理是一种现代化的财务管理机制，更加适应企业的发展，企业建立科学的管理，通过业务流程的各个环节分解，然后再向企业内部推行计划的精确化、决策制作的精确化、成本控制的精确化、员工考核的精确化等，从而最大限度地节省资源，降低管理成本，实现最深层次的挖掘企业价值。精细化财务管理要求企业深化对财务工作职能的认识，将财务工作由记账核算型向经营管理型进行转变。

（二）提高对财务分析的重视程度

企业管理者要帮助和支持财务分析人员熟悉本企业的业务流程，尊重财务分析的结果，组织和协调各部门积极配合财务分析工作，这样才能发挥财务分析在财务管理中的重要作用。管理者应当定期或不定期的召开财务分析活动会议，预定成绩、明确问题、提出建议或措施、落实责任，使得财务分析在实际经营管理中发挥应有的作用。另一方面财务管理人员要切实做好财务分析工作，不断提高分析质量，为改善经营提高经济效益提供科学依据。

（三）改进财务分析方法

财务分析应多用定量的分析方法，以减少因为分析人员的主观偏好而发生财务分析失真情况的出现。在财务分析中可以较多地运用数据模型，既可以推广运用电子计算机处理财务信息，又可以进一步改进财务分析的方法，增强财务分析的准确性和实用性。还可以按照国家财务制度，联系相关法规政策，考虑不可计量因素进行综合论证，并实际修正定量分析的结果。定量分析与定性分析的结果必须结合起来综合判断，修正误差，使结果更趋于客观实际。对于那些有条件的企业还可以聘请外部人员进行财务分析，以减少分析的主观性。

（四）完善财务精细化管理机制

建立健全企业财务管理监督机制。财务管理监督机制是促进财务管理工作顺利开展的基础保障，主要针对的是企业资金的预算、拨付、核算等工作，要全面做好监督管理，确保财务信息的真实有效性，确保企业资金合理应用，确保整个企业财务管理的有序，建立健全内部控制制度。完善的财务内控制度有利于约束财务管理行为，保障财务管理成效。一方面，财务内控制度需要注重增强财务审计的独立性，通过财务审计确保财务管理的质量。另一方面，还要充分考虑外部市场环境，优化和完善内控制度，提高财务管理水平。建立财务管理考核评价机制，这样有利于约束财务人员的行为，通过奖惩措施，增强财务工作人员的工作积极性和主动性。

（五）充分利用大数据

在大数据时代，数据管理技术水平不断提高。在财务管理的数据管理中，就可以充分利用大数据，从数据收集、数据存储、数据分析、数据应用等几个方面有效地进行管理。需要注意的是，要保障财务数据的真实性、准确性，这样才能更好地体现数据的价值。此外，如果数据收集不到位，就会导致财务管理工作捉襟见肘。由此可见，在大数据环境下，企业财务精细化管理的首要工作就是财务数据的收集，不断拓展数据收集渠道，综合考虑企业发展的各方面财务信息，满足企业财务管理需求。再者，数据快速增长也给数据管理带来更大的压力，需要做好数据存储工作。这就要求企业加强内部硬件设施和软件设施的建设，并且根据企业的发展情况，完善财务数据库，系统地进行数据整合和储存，为企业财务分析提供良好的数据基础。另一方面，为了应对大数据的发展，企业还要加强财务人员能管理和培训，提高财务管理人员的数据分析能力和数据应用能力，保障合理的对数据进行整合、归纳、分析以及应用。

（六）提高财务人员的整体素质

随着信息技术的普及推广，目前会计电算化不断发展，会计电算化只是分析的手段和工具，财务分析人员是财务分析工作的真正主体，财务人员素质的高低直接影响财务管理的质量。因此企业应当选拔一批优秀的财务人员担任这项工作，同时在企业内设立专门的财务分析岗位，培养适应本企业的专业分析人员。在选拔财务分析人员的过程中应同时注重基本分析能力、数据的合理修正能力还有综合分析能力，切实提高分析人员的综合素质。再者，为了让决策者不做出错误或者过于追求短期效益的结论，要求财务分析人员应不断提高自身的专业技能水平和职业道德素质，加强对财务报表分析人员的培训及职业道德素质建设。

（七）企业财务管理信息化

在企业财务管理中引进先进信息技术，可以确保企业财务管理工作的有效性和准确性。

目前，我国企业已经采用和推广信息化管理技术，并取得了一定的成效。和传统的财务工作相比，企业财务管理信息化具有很多优点：一是，可以利用信息技术对基础数据进行收集、整理和分析，提高财务数据的准确性，还有利于避免企业管理人员对财务工作的干涉，有利于确保财务管理的公正性、真实性和准确性；二是，通过利用信息技术，财务工作的效率大大地提高，节省了人力和物力。

二、大数据时代下如何提高企业财务管理精准性

（一）企业财务管理应加强贯彻会计制度，夯实会计基础

结合企业财务管理的特点和现实需要，在企业财务管理过程中，加强贯彻会计制度，并夯实会计基础，对于企业财务管理而言意义重大。从当前企业财务管理工作来看，鉴于财务管理的专业性，在财务管理工作中，应对财务管理的相关法律法规引起足够的重视，并在实际管理过程中加强贯彻和落实，保证会计管理取得积极效果。

除了要做好上述工作之外，企业财务管理还要对会计基础引起足够的重视，应在实际工作中强化会计管理的基础性，通过建立健全会计管理机制，优化会计管理流程，使会计管理质量和准确性得到全面提升，有效满足企业财务管理的实际需要，达到提高企业财务管理质量的目的。为此，做好会计制度的贯彻，夯实会计基础，是提高会计管理质量的具体措施。

（二）企业财务管理应强化企业内部协调机制，加强财务管理与业务工作的融合

现代市场竞争环境和财务工作在企业管理中的地位，决定了财务工作必须采取与时俱进的基本态度，财务管理应结合企业组织结构、产品特点、业务流程、管理模式等具体情况，将真正适合企业的管理新方法、新工具应用到实际工作当中去，使企业财务管理工作能够在管理理念、管理流程和管理方法上满足实际需要，达到提高企业财务管理水平的目的。

基于这一认识，企业财务管理工作应积极建立内部协调机制，使企业财务管理工作与其他业务工作能够得到全面有效开展，充分满足企业财务管理的需求，实现对企业财务管理工作的有效监督，确保企业财务管理在手段、内容和管理流程上处于严格的监管之下，保证企业财务管理的准确性，使企业财务管理工作能够在整体水平上满足实际需要。

因此，企业财务管理工作并不是单一的工作内容，要想提高企业财务管理工作的整体质量，就要将财务管理工作与其他业务工作结合在一起，实现企业财务管理工作与其他业务工作的融合，使企业财务管理工作能够成为其他业务工作的促进因素，保证企业财务管理工作取得实效。

（三）企业财务管理应将资金管理作为主要内容，满足企业资金需求

在企业财务管理中，资金管理是主要内容，只有做好资金管理，才能提高企业财务管理的实效性。基于这一认识，企业财务管理应从实际出发，制定具体的资金管理策略，提高企业资金管理质量，满足企业资金需求，达到提高资金管理效果的目的。

首先，企业要加强管理，提高自身信誉度，注重内部资金节流，加强存货和应收账款的管理，减少产品在企业内部停留的时间，使企业内部资金管理实效性更强，对企业经营管理的支撑效果更好。所以，资金管理对企业的经营管理产生了重要影响。

其次，企业要建立自身的诚信形象，主动与金融机构互通信息，建立良好的银企关系，通过交流体现出企业的主动、诚意、实力所在，这样才会获得在银行融资的成功。这一工作已经成为企业财务管理的重要内容，对企业的经营管理产生了重要影响，是企业提高整体效益的关键。

再次，企业应强化资金使用效率，提高资金管理质量。保证资金管理工作能够得到全面有效地开展，使企业的资金管理工作能够取得实效。

通过分析可知，鉴于财务管理的重要性，提高企业财务管理的精准性和实效性，是提升企业整体效益的重要手段。为此，企业财务管理应从加强贯彻会计制度、夯实会计基础、强化企业内部协调机制、加强财务管理与业务工作的融合、将资金管理作为主要内容、满足企业资金需求等方面入手，确保财务管理工作能够得到全面有效开展，满足企业经营管理的现实需要。

第五节　大数据时代对企业财务管理人员角色的影响

一、大数据时代对财务管理人员角色的影响分析

大数据时代随着信息网络和企业一体化管理软件的普及，财务管理人员从账簿的束缚中解放出来，更多地参与企业的管理和辅助决策工作，这样的角色变化，更加凸显会计的"管理"职能。

（一）大数据时代为财务管理人员"管理"职能的发挥提供了条件

会计主要是核算、反映和监督三大职能，财务管理人员收集数据、陈列信息，并对企业的宏观管理施加影响，都是以信息为基础，分别对应不同的信息处理层次，财务管理人员应当扮演起"管理"方面的角色，但由于各方面的原因，财务管理人员的"管理者"角色一直没有得到承认，其"管理性"被忽略，大数据使得财务管理人员为企业提供多样化的决策信息，并为日常的企业经营活动提供管理，使财务管理人员的"管理者"角色日渐

突出。在大数据时代各种管理工具的支持下，财务管理人员将进一步发挥基于信息的管理职能，财务管理人员将从"核算者"变成"信息人"，并进一步走向"管理者"的角色。

（二）数据生产方式的转变

数据生产方式的转变是财务管理人员角色转变的动因，随着大数据浪潮在全球范围内漫延，信息的"生产"工作变得非常简单便捷，财务管理人员脱离数据信息，"直接生产者"的角色势在必行。并且，大数据时代的企业会计数据随时都处于动态当中，是动态实时会计数据，"大数据"真正价值在于通过收集、处理庞大而复杂的数据信息从中获得新的知识。此时的财务管理人员应该从收集和处理会计信息的工作中分离出来，交给专门的信息中心去解决，财务管理人员更重要的工作是对会计信息进行综合和判断，对企业的运营提出预测、给出建议、帮助决策及监测企业战略的实施，扮演好"顾问""预测者""风险监测和管理者"等角色，成为专业技能、多面管理的企业运行管理者。

二、大数据时代财务管理人员角色转变的趋势

大数据时代，各种信息网络技术、企业一体化智能化管理工具的应用，财务管理人员由原来的直接财务信息生产者，变为利用财务信息的管理者。在这种实质性的改变中，尤其是高级财务管理人员群体，将在大数据时代不由自主地利用企业的相关财务信息为企业的管理服务。

（一）企业发展的预测者

在财务管理信息化的过程中，财务部门朝着灵活性和快速响应的目标发展是一个渐进的过程，财务管理人员从静态的报表和财务信息数据管理，转移到为决策者提供动态业务信息的预测性角色，这是财务工作在大数据时代发展的必然趋势。财务部门掌握着企业最全面的原始业务数据，并在企业数据处理工具的辅助下，掌握了获取各方面信息的最有效途径，是企业的"触觉"。对于现代企业而言，大数据为企业提供了面向未来的途径，企业更多关注点从"现在"转移到"未来"。财务管理人员完全可以利用专业和信息方面的优势，通过系统的优化和技能的提升，对企业运行的方方面面做到实时响应，具备更多经验和管理职能的高级财务管理人员可以利用财务部门掌握的各项数据，对未来的发展趋势和各种可能的风险、市场等做出预测，并对企业的决策和发展提出建议。只有财务管理人员群体在预测性工作方面做出更多的努力，企业才能做出更为长远的规划，避免短视行为。另外，预测工作的有效实施，是企业建立一整套问题的解决方案、应对未来可能发生的突发或重大事件的重要保障。当然，财务管理人员要成为企业预测者角色，离不开有效全面的数据信息和对多种数据信息工具的应用。

（二）企业顾问和其他部门的合作者

大数据时代，核算职能在整个财务工作中的重要性减弱，财务管理人员更侧重于反映和监督职能，并强调其"管理"功能。"反映"职能由原来强调财务信息的客观、透明性，逐渐转变为强调在客观性的基础上，借助信息工具，为企业的管理和决策提供更多符合多样化的需求。财务工作不再过多地强调财务人员现实做账的能力，更深层次地讲，财务管理人员其实正在逐渐成为企业的顾问，随时对企业的经营状况做出评价和总结，并结合其他预测性辅助工具，为企业的经营提供建议。从这个角度来讲，财务管理人员应该充分利用好信息工具，扮演好"顾问"的角色。无论财务管理人员作为"顾问"为企业提供哪些方面的经营评价和建议，财务管理人员的定量职能都是不能取代和取消的，所有这些充分发挥财务管理人员能动性反映作用的角色，都需要以客观、全面的数据作为基础。尽管如此，大数据时代财务管理人员扮演好顾问角色，为企业提供更多的评价和建议，将成为财务管理人员走向管理和辅助决策职能的必经之路，也是现代企业发展的必然要求。

（三）企业风险的预警者

在全球化浪潮中，所有企业都难以避免地要融入更加复杂多变的世界市场，也使得企业自身面临许多更加不确定的问题。财务管理人员掌握了财务及各个业务方面的信息，对企业的运行和决策产生极为重要的影响，在全球大数据形势下，理应扮演起风险管理者的角色。世界市场充满风险，企业需要完备的风险管理计划，并促进整个企业内部的信息集成，建立高度整合、标准化的财务管理组织，更容易察觉企业所面临的风险。可以看出，"风险管理"是财务管理人员扮演"预测者"角色的一个延伸，要想成为优秀的"风险管理者"，财务管理人员需要通过采用某些智能化信息工具做到实时监控，如设定特定风险阀值，通过热图、仪表盘、记分卡反映风险情况，通过预测性分析和建模检测风险情况等。

（四）信息系统的维护者和个性化信息工具的开发者

大数据时代，财务工作最明显的一个变化，莫过于计算机和各种信息工具的广泛应用，财务管理人员以上各项职能的转变都离不开各种自动化、智能化信息工具的支持。长期以来，财务部门所使用的财务管理软件都是由专业的企业管理软件公司开发，并作为商品卖给需要的公司，当然，也有的企业采取自主开发或者委托开发的方式。在这些方式下，财务管理软件的维护多由这些软件公司或者开发人员来实现，这种维护方式曾经较好地适应了企业的需求，但在企业未来的信息化道路上，信息软件工具的概念呈现一种"淡化"的趋势，即：一方面，更多的员工更深层次地接受并熟练使用这些信息工具，并伴随这些工具在企业中更为普遍的使用；另一方面，企业对信息工具的需求呈现多样性，并非一套或几套解决方案就能够满足企业的所有需要，于是，财务管理人员在解决问题的过程中，不断地发现针对新问题的局部化信息工具的需求，这种需求处处存在，并需要开发者更具针对性、创新性。这就促使财务管理人员应该成为信息化软件的管理和维护者，并在一定程度上具备开发实用性、个性化信息工具的能力，原来的较大规模和专业性较强的管理系统可以继续交给专业公司或团队去开发，但应该由经过适当培训的财务管理人员来进行维护；对于应用范围相对较小、针对性很强、开发难度相对较小的软件，财务管理人员应该成为首要的开发和维护者。这种模式不仅减少企业的运行成本，也为企业的财务工作提供更为便捷可用的信息工具、在日常应用中减少对专业软件公司或信息部门的依赖，使财务管理人员在工作中能够更加独立地完成其他管理角色。

三、大数据背景下企业财务管理人员角色转变策略

（一）改革财务管理人员观念，提高其综合素质

财务管理人员实现以上角色的顺利转变，自然离不开自身观念的改变和综合素质的提高。首先，观念的转变。大数据时代财务管理人员掌握着企业发展的关键信息，因而需要更加主动地参与到企业的决策中来，财务管理控制已从事后走向事中乃至事前，相应的，财务管理人员的观念也有必要从"被要求"转变为"主动"为决策提供便利。其次，应该全面提高自身素质。具体包括IT技能的提高和事务惯例处理能力两大方面。大数据时代，财务管理人员要想更好地使用信息工具做好预测、辅助决策等工作，扮演好顾问、预测者等角色，必须具备一定的IT技能。同时，也只有财务管理人员做到透彻理解、正确运用，才能正确使用和维护财务管理信息系统，提升系统以及企业信息的安全性，保障企业的利益，大数据时代更多变复杂的外部环境迫切要求财务管理人员更加敏捷、全面地对企业运行状况做出分析，并使用创新化、安全、高校效手段将这个辅助决策过程变成程序化、自动化的过程。

（二）为财务管理人员建立统一的信息平台

财务管理人员应该适应信息生产集中化、自动化的趋势，整合财务管理部门的资源，实现"信息生产"功能的独立。在未来的财务管理工作中，部分财务管理人员将自己的注意力更多地放在解决一些更加前瞻、更加灵活多变的非结构化问题上，比如投资分析、年度规划、决策支持、风险管理等，以便于在财务管理工作中充分利用和发挥"数据"和"信息技术"的作用，实现"财务管理"和"信息数据"的更好结合，进行数据分析。

信息中心的独立和统一信息平台的建立，对企业的信息管理有重要意义：统一信息中心的建立，可以让有用的信息通过一个覆盖整个企业的信息平台和网络在企业内部自由流动实现管理的高效，同时还可以降低信息的收集和处理成本，在财务管理部门的领导下，信息部门的信息获取和加工更加围绕企业的战略和需要开展。统一信息平台的建立及财务管理信息获取的集中化，不仅可以利用信息资源和信息工具提高企业经营效率，也使整个企业连成一体，信息自由流动，各业务部门全部活动都以提升企业价值为核心，实现"1+1>2"，达到以大数据促进企业价值提升的作用。

（三）改善组织结构和优化工作流程

　　财务管理人员角色实现转变的道路上，统一的信息平台、信息数据的自由流动、财务管理人员承担多重复合角色并主动发挥更大作用，其实都需要以企业组织、结构工作流程的改善为前提。组织结构方面，扁平化、柔韧化和灵活性是现代企业组织结构发展的要求，企业需要兼具灵活性、安全性与创新性于一体的组织形式。为了便于财务管理人员更好地发挥其顾问、预测者、价值链整合管理者等新的角色，企业需要在整个企业范围内，建立扁平化的组织结构，并采用多维制和超事业部制的结构，以实现在沟通上更顺畅、管理上更直接、合作上更灵活、运行上更高效。另外，针对一些特殊的情形，还可采用虚拟化的结构，把不同地点乃至不属于本企业的人才资源联系到一起，实现跨越时空的合作联盟。企业需要进一步规范和优化工作流程，并将其制度化，确保企业的各项流程无缝衔接，并确保各流程都在企业信息系统和风险管理系统的可控范围内，这样，才能实现信息中心所获得的各项信息的全面性和完整性，便于企业风险控制措施的更好实施。

（四）加强企业内部控制，明确财务管理人员权责

　　大数据时代，由于信息的收集、处理工作更加自动化、流程化，非结构化问题在财务管理人员工作中占据更大的比例。在解决这些问题的时候，需要财务管理人员更好地发挥主观能动性，财务管理人员也因此拥有更多的自主权。然而自主权放宽的一个重要问题就是，可能导致财务管理人员不适当的使用权限而对企业的利益造成损害。因此，加强内部控制，保障系统和信息安全性、杜绝财务管理人员滥用职权的行为，也是财务管理人员角色得以顺利转变的重要方面。针对财务管理人员权限规范问题，企业应至少做到以下几点：一是对每一个职位进行完整的职位说明，将职位说明书交由在岗人员学习，并在日常的工作中，结合工作实际不断地将其补充、完善；二是完善各项工作的工作流程，将所有的步骤都纳入内部控制体系的范围；三是建立完善的内部控制体系，将各项措施以制度的方式规范化、确定化，为各项措施的实施提供切实的依据。在实施方面，着重从内部控制的三个环节入手：事前防范，要建立内控规章，合理设置部门并明确职责和权限，考虑职务的不兼容和相互分离的制衡要求，还应建立严格的审批手续、授权批准制度，减少权力滥用和交易成本；事中控制，如财务管理部门应采取账实盘点控制、库存限额控制、实物隔离控制等；事后监督，如内部审计监督部门应该按照相应监督程序及时发现内部控制的漏洞。

第五章 大数据信息时代下企业财务风险预警和管理

企业财务战略管理中必须包括财务风险管理的内容在企业全面风险管理（ERM）体系中，财务风险不仅包括制度风险、信息风险、业绩风险和流动性风险等内容，还包括企业战略的制定和实施过程中会遭遇的其他风险。风险管理既是一个公司治理问题，又是一个管理问题，大数据有助于企业的风险管理。蝴蝶效应可以让一个看起来健康茁壮的企业转瞬间发生危机甚至破产，而大数据基于全面数据分析的理念，将会在最大限度上实现对风险的控制或规避一方面，大数据能够明显提升企业数据的准确性和及时性；另一方面还能够降低企业的交易摩擦成本；更为关键的是，大数据能够帮助企业分析大量数据而进一步挖掘细分市场的机会，最终能够缩短企业产品的研发时间，提升企业在商业模式、产品和服务上的创新力，从而大幅提升企业的商业决策水平，降低企业经营的风险。

第一节 大数据时代下企业风险管理

一、利用大数据创新公司治理

随着信息的频繁流动，传统企业再想通过强大的体制控制力，或者利用信息不对称进行较为封闭的公司治理与财务管理，越来越行不通。现实中，"触网"的企业基本上都是以"合伙人制度"取代了公司治理中的雇佣制度。

在互联网经营时代，公司中最重要的是团队，其次才是产品，有好的团队才有可能做出好产品合伙人的重要性超过了商业模式和行业选择。

Jensen（1993）提出公司治理的四种基本路径，即内部控制机制、外部控制机制、法律与政治，以及产品市场竞争。如今公司财务管理之所以能够实现健康发展与有效运作，主要依赖于内部治理、外部监管等制度，以及企业重视对经营者与员工的监督。与此同时，企业却忽视了企业创新、产品竞争、公司文化的形成，以及信任和激励的作用从合伙人到核心员工，都要给予足够的利益保障、授权与尊重。

在大数据和互联网时代，知识和创新助力企业发展。"人力资本"和"信息"取代财务资本，成为企业的生命之源和价值之根。企业员工广泛参与决策制度也必然影响企业决策组织结构与决策文化。由于动态的外部环境、分散的知识分布等特点，分散式决策是大数据环境下决策的主要形式。企业应尽力减少内部管理层级，打破层级的交流，增强组织共享、服务协调，鼓励向主学习和尝试创新的文化，关注内部信息流、知识和技能。除此之外，随着企业对大数据价值分析与挖掘的逐步深入，财务决策机制应从业务驱动型向数据驱动型转变。企业员工运用一线大数据分析结果，形成基于数据决策的学习型企业文化与制度。

二、利用大数据创新风险

在大数据时代，外部资源被证实是一种非常实用且直接的风险管理工具，在这一背景下，财会部门的风险管理作用将超越合规和内部控制管理，越来越关注外部力量对企业绩效的影响，如监管制度变动、供应链风险、自然灾害等。此外，财会人员还将越来越多地参与评估企业增长战略风险，包括并购、进入新兴市场等。因此，未来财会人员应该更多地思考如何利用大数据资源从整体上把握企业风险，如何将多样化的数据集引入计算，提高对风险的认识并降低风险。但相对于后知后觉式的风险分析，更应该利用大数据进行风险预测，如将预测分析学和统计建模、数据挖掘等技术相结合，对投资机遇的可行性进行评估以及预测新市场新产品的投资风险等。当然这些在实际操作层面可能会面临较大的困难，但大数据确实给财会行业提供了这样一种展望。对大数据进行分析和预测最需要注意的一个问题就是混淆因果关系和相关性，数据趋势恰好一致只能说明相关性，而因果关系的证明却没有那么简单，利用大数据进行分析时必须时刻谨记，

以银行业为例，大数据能较好地解决传统信贷风险管理中的信息不对称难题，提升贷前风险判断和贷后风险预警能力，实现风险管理的精确化和前瞻性。银行业可以打破"信息孤岛"，全面整合客户的多渠道交易数据，以及经营者个人金融、消费、行为等信息进行授信，降低信贷风险。如建设银行依托"善融商务"开发出大数据信贷产品"善融贷"后，银行可实时监控社交网站、搜索引擎、物联网和电子商务等平台，跟踪分析客户的人际关系、情绪、兴趣爱好、购物习惯等多方面信息，对其信用等级和还款意愿变化进行预判，在第一次发生信贷业务但缺乏信贷强变量的情况下，及时用教育背景、过往经历等变量进行组合分析，以建立起信贷风险预警机制由历史数据分析转向行为分析，将对目前的风险管理模式产生巨大突破。

三、制用大数据优化资产配置

在大资管背景下，商业银行为满足客户多元化投资需求，将不断扩大投资范围，资产管理业务的复杂性进一步增加，投资交易、产品设计等环节蕴含的风险因素也在不断积累，客观上要求商业银行持续优化风险管理工具、增强风险评估能力，有效控制资产管理业务的市场风险和产品风险。对风险管理来说，最重要的就是能否事先发现风险苗头，提前采

取应对措施，防止潜在风险演变为事实风险。而大数据最核心的应用在于预测，为商业银行提前研判风险提供信息支持。如银行在配置资产端的资产时，可以通过大数据分析，综合资产端客户的资产负债、支付以及流动性状况，对资产端投资对象进行全面评估，提高对外投资的精准度，降低投资风险。Thasos Group 是美国一家初创对冲投资公司，其首席科学家潘巍认为，该公司是目前唯一一家使用大数据投资的对冲基金，而且收益率超过非高频交易之外的对冲基金平均交易水平，而他们之所以能够表现优异，就是缘于对大数据的科学和充分运用，通过这些数据的挖掘来准确判断美国消费者的行为，进而了解美国宏观经济运行的趋势，从而做出正确的投资决策。

四、P2P 制用大数据管理风险的案例

2005 年 3 月，全球第一家 P2P 网贷公司 Zopa 于英国伦敦成立，2006 年 2 月，ChrisLarsen 等人创办了美国第一家网贷公司 Prospero。2007 年 6 月，国内第一家网络贷款平台拍拍贷上线。2011 年，网贷平台进入快速发展期，一批网贷平台踊跃上线。2012 年我国网贷平台如雨后春笋纷纷成立。截至 2014 年年底，P2P 网贷平台数量达到 1613 家，较 2013 年增加了 900 家以上，并且 2014 年不断有银行背景、互联网巨头控制的拥有强大背景的平台加入，打破了网贷平台一贯以来的"草根"的印象，P2P 网贷也逐渐被投资机构所青睐，大量 P2P 平台完成了融资。P2P 网络贷款主要存在信用评估、业务监管、系统安全这三大风险，但是由于我国目前征信体系不完善，P2P 监管制度不健全，在没有找到很好的风险控制、系统监管手段之前，P2P 网贷仍处于巨大的风险之中。

传统的控制 P2P 网贷风险的方式主要有以下三点：（1）准入监管，建立基本准入标准和建立"谁批设机构，谁负责监管和风险处置"的机制；（2）运营监管，限定 P2P 网贷仅从事金融信息服务业，即作为中介机构，不得直接参与借贷活动；P2P 网贷必须严格隔离自有资金和客户资金，客户资金必须由第三方管理；（3）信息监管。P2P 网贷必须完整地保存客户资料，以备事后追责；P2P 网贷要如实披露经营信息，包括公司治理情况、业务数据等，供客户参考。

由此看来，传统的对 P2P 网贷的风险控制主要针对网贷平台本身，而没能降低网贷平台所面临的客户道德风险和违约风险造成的坏账。在传统的借贷流程中，对于借款人的信息审核，也存在很多弊端，如用传统信息获取渠道判断信息真伪的成本较高；由于全程需要人工参与，既增加了道德风险，又导致效率极其低下；传统的风险评估模型中，对于借款人资产状况评估的权重过高；贷款人隐藏风险的难度较低，造假成本较低等，对坏账率的控制效果并不是很好，这不利于 P2P 网贷平台的风险控制，限制了 P2P 网贷平台的发展。

大数据为 P2P 网贷的信用风险控制提供新的解决思路。如果从大数据的角度来构思，就可以把更多权重放在借款人日常生活的交易数据及社交数据上，如借款人的消费情况、微博微信之类的社交圈活跃度等诸如此类的问题。这类数据不易作假，具有很好的连贯性，

可以从中分析很多的用户特性，并推断借款人的信用状况。一旦数据开放共享的基础设施完善后，P2P网贷平台的管理者就可以在拥有更全面的借款人数据的基础上，通过多个不同类型的信用分析模型，对借款人做出更趋于真实化和个性化的信用评级，投资人根据其信用等级高低做出是否借贷和以何种利息贷出的合理决策。更重要的是，在贷款期间还可以对借款人产生的数据进行持续记录分析，一旦有异常情况出现，就可以及时调查处理，这样可有效控制借款人的信用风险。因此，用大数据来控制P2P网贷的风险有极大的发展前景。

在大数据时代的背景下考虑P2P网贷的风险控制，首先要将思维方式从因果关系转变到相关关系中来，寻找可以控制P2P网贷风险的数据指标。一个人或者群体的信用好坏取决于很多的变量，所有与借款人相关的数据都有可能影响到其贷款的安全，因此，需要找出所有可能会影响到借款者信用的数据指标，主要有以下四个指标。

（1）个人基本资料，包括个人的身份信息，如性别、年龄、身份证号等，以便于通过个人身份认证来追踪借款人的活动；家庭婚姻情况；住所稳定性、工作单位的稳定性和手机号码使用稳定性都将可能体现一个人的还款意愿。这些信息经借款人授权，可以通过接入公安系统等来保证信息的真实性。

（2）社交网络情况。借款人在社交网络上的活跃程度、所发表的动态内容、好友数量等都可能与借款人的性格特点相关。例如，一个拥有好友数量较多的借款人其信用程度往往高于那些好友较少的借款人。另外，如果一个人发表的日志、说说总是积极向上的，也有可能获得较高的信用评级。P2P网贷平台可以与相关社交网络（QQ、人人网、微信、微博等）建立数据接口，在接受客户的借款请求，且得到用户授权后，从这些社交网络获取用户数据，并支付相应的费用给这些社交网络，这也可以成为社交网络一个新的盈利渠道。

（3）电子商务平台。P2P网贷平台可以与阿里巴巴、京东商城、聚美优品、当当网等电子商务平台合作，一方面可以借助商家在电商平台上所积累的交易量等流水数据，共同搭建风险模型，通过大数据分析，为这些依附于电商的小微企业提供无担保、无抵押的纯信用贷款；另一方面可以根据消费者的网购商品种类、金额大小、网购频率等来评估消费者的信用状况。

（4）借款人的资金情况，①包括收支情况，借款人的收入和支出情况会影响借款人的偿债能力；②负债情况，借款人的现有的负债期限、金额大小会体现借款人的还款意愿；③资产情况，借款人所拥有的资产的流动性比率以及结构，具体的占用情况，如资产中基金、股票、债券、理财产品及银行存款的比例，这都将会影响借款人的未来收益，从而对还款产生影响；④信用情况，通过分析一个人的信用情况，可以确定贷款额度、期限、利率、贷款方式等。这些数据可以通过接入银行系统来获取。

第二节　管控收集数据中的风险

由于大数据的技术支持，企业决策能够获得更多的有用信息，并对这些信息进行有效分析。对财务流程、投资方案所带来的成本、收入和风险进行研究，选择能够使得企业价值最大化的最优方案和流程，帮助企业减少常规失误，进一步优化企业内部控制体系，最大限度地规避各种风险。大数据时代将为企业筹资、投资、营运、利润分配等各项业务提供更精准、全面的风险源数据，借助智能化内部控制和风险管理系统，财务人员能更好地完成对数据的提炼、分析与总结。大数据时代智能化信息系统还可自动计量风险资产，对公司各类资产进行盈利能力分析、偿债能力分析、敏感性分析、流动性分析等，并形成分析报告，给财务人员提供帮助。

一、收集宏观数据的风险

1. 数据管理的风险

风险管理的职能在于建立适合公司的风险管理体系，包括风险点识别、风险估测、风险评估、风险监控技术及风险管理结果检测，从而将风险控制在可影响的范围内，保证企业的健康可持续性发展。面对日益发展的宏观经济环境，风险管理在企业财务管理中占据越来越重要的地位。企业面临的风险日益提高，企业环境的不确定性，将是一种常态。经济周期、资源的竞争、内外部环境的变化都会对企业形成不确定、不可避免的外部环境。

大数据时代，数据产生的增值效益日益突出，由此为数据管理提出更高的要求。企业财务数据管理风险主要表现在因数据管理不到位造成的各种不良后果，表现在财务系统因病毒、网络攻击、火灾及自然灾害等情况造成的无法正常使用；因管理不善造成的财务数据丢失、数据遭篡改，造成数据不能正常使用：这就要求企业在财务数据管理方面，一是要加强制度建设，建立异地备份等管理机制，特别是要考虑当前企业运转条件下信息系统一体化的数据安全问题；二是要加强信息安全管理，通过可靠的杀毒系统、系统防火墙建立可靠的信息安全屏障；二是要明确数据管理人员的职责，建立数据管理牵制机制。

2. 数据质量风险

大数据时代企业所要处理的数据比较多，但数据的质量往往参差不齐，如有些数据不一致或不准确、数据陈旧以及人为造成的错误等，通常被称之为"脏数据"。由于数据挖掘是数据驱动，因而数据质量显得十分重要。"脏数据"往往导致分析结果的不正确，进而影响到决策的准确性。由于大部分的数据库是动态的，许多数据是不完整的、冗余的、稀疏的，甚至是错误的，这将会给数据的知识发现带来困难。由于人为因素的影响，如数据的加工处理以及主观选取数据等，从而会影响数据分析模式抽取的准确性。大量冗余数据也会影响到分析的准确性和效率。

因此，在大数据时代，不能不计成本盲目收集各种海量的数据，否则将成为一种严重的负担。数据的体量只是大数据的一个特征，而数据的价值、传递速度和持续性才是关键。总之，在大数据时代，通过对数据质量的控制和管理，可以提高数据分析的准确性。数据应用成为整个数据管理的核心环节，数据应用者比数据所有者和拥有者更加清楚数据的价值所在。由于数据的爆发性增长，在大数据时代宏观数据的质量直接关系着甚至决定了数据应用的效率和效果，企业采用宏观数据质量风险主要表现在由于数据不准确造成错误的分析结果，误导管理层；因宏观数据不完整造成决策支持效果不佳。这就要求企业在数据采集、处理和应用的过程中必须确保数据的质量。而在衡量数据的质量时，要充分考虑数据的准确性、完整性、一致性、可信性、可解释性等一系列的衡量标准。

二、收集内部数据的风险

1.成本数据的完整性

风险管理与企业内部控制的内容紧密联系，风险管理的风险处理点是内部控制的着力点，高效的内部控制会使企业对外部环境有更好的适应性，极大降低了企业的风险发生率。成本的高低是企业获得市场的一个很关键的因素。大数据时代下，专业的成本控制与分析人员不仅要具备一定的财务专业知识，还需要深入企业了解企业的工艺流程、生产过程、整个内控流程，关注生产效率、报废率、各种成本的差异、各种费用的使用合理情况，通过大数据技术，及时采集到与企业成本相关的数据，并应用于成本控制系统，进行分配与归集，分析成本构成，从而达到对公司进行有效控制的目的，为公司的决策提供依据。因此，企业应用大数据技术进行风险管理时，将会提供更为全面、准确的业务数据，借助财务云的智能化处理系统，准确地对风险进行分析与总结；大数据技术下的信息化处理系统，可自动评估企业的风险，对各资产情况进行智能分析，得出风险分析报告，帮助企业更高效地进行风险管理，同时，实现事前的风险预测、事中的风险控制及事后的风险管理。大数据处理系统可以在很大程度上提高企业风险管理的前瞻性。基于大数据技术的处理系统，企业能够获得更多有效的具有实时性的信息，可以帮助企业对投融资、收入、支出及风险控制等进行研究，从而对企业的运营决策进行指导，减少企业的无效流程及成本，优化企业的管理体制，进行有效的内部控制，尽可能规避企业的经营风险。

2.财务数据应用风险

传统数据管理的重心侧重于数据收集，而在大数据时代，数据应用成为整个数据管理的核心环节，数据应用者比数据所有者和拥有者更加清楚数据的价值所在。企业数据应用风险主要表现在由于对于高质量数据的不当应用，如使用了错误的财务分析模型，甚至是人为滥用造成偏离数据应用目标的情况；财务数据在应用过程中因数据管理不到位或人为因素造成企业商业机密泄露：这就要求企业高度重视大数据的应用管理，首先是要明确数据应用管理的目标，并建立高效的数据应用管理机制，以确保数据的应用效果；其次是要通过明确数据应用者的管理职责，加强数据应用过程中的核心信息管理，确保企业核心商业机密的安全性。

3. 财务数据过期风险

传统数据管理强调存在性，即只要能获取数据并能满足企业的要求而在大数据时代，企业对数据时效性的要求空前提高。企业财务数据过期风险主要表现在对于数据的时效性管理不到位、财务数据反馈不及时造成决策不及时、贻误商业机会等情况。这就要求企业要从战略导向出发，高度重视数据应用的时效性管理，一方面在财务数据获取环节要充分考虑时间的及时性和可靠性；另一方面要在数据应用环节注意对数据的甄选，确保财务数据必须更多地立足当前，面向未来，只有这样，才能帮助企业在瞬息万变的市场环境中充分发挥作用。

三、大数据引发的会计信息风险

1. 共享平台建设略显滞后

为了推动会计信息化的蓬勃发展，我国早在 2004 年就制定并发布了《信息技术会计核算软件数据接口》（GB/T19581—2004）国家标准。2010 年 6 月又发布了更新版的《财经信息技术会计核算软件数据接口》（GB/T24589—2010）系列国家标准。随着国际上以 XBRL（可扩展商业报告语言）为基础的会计数据标准的产生，我国于 2010 年 10 月发布了《可扩展商业报告语言（XBRL）技术规范》（GB/T25500.1—2010）系列国家标准和《企业会计准则通用分类标准》。由此可见，我国在会计数据标准的制定和应用方面始终走在国际的前沿，尤其是 GB/T24589—2010 系列标准，不仅包括了会计科目、会计账簿、记账凭证、会计报表，还涵盖了应收应付、固定资产等内容，填补了国内标准化方面的空白，即使在国际上也处于领先的地位。

大数据环境下，云会计的推广和应用为企业带来许多益处。企业用户与云会计服务商签订使用协议，并按期支付费用以后，就可以获得海量的存储空间，将各种会计信息存放到云端，同时软件的开发和维护也全部由云会计服务商负责，企业用户的运行成本及维护成本大幅下降。云会计可以让企业将工作重心转移到经营管理上，而将会计信息化的基础建设和软件服务工作外包给互联网企业，这种模式所带来的优势和效率显而易见，将推动企业管理模式的转变和思维模式的转变。与此同时，要在企业中推广云会计的应用，还存在着急需突破的困境，这些困境不但制约云会计服务商的发展壮大，而且无法消除企业采纳云会计的种种疑虑。

现代会计信息化的发展依赖于共同资源共享平台的建设，如云会计的发展主要依赖于云计算平台的技术发展。对于云计算供应商来说，在可扩展性较强的云计算模式下，他们通过专业化和规模经济降低提供软件服务成本的同时，需要依靠大数量的用户提高自己的经济效益。

但面对客户的需求要提供一套与中小企业用户相符的会计信息化系统，这就需要进行大量的前期准备工作，主要是对用户的需求进行综合分析：不同于传统的按需定制软件，云计算供应商要求能够满足不同用户、不同地域和不同业务规则的需求，所以对服务的适应性、扩展性以及灵活性要求非常高，在技术上也提出更高的要求。因此，云计算平台建设的资金起点和技术水平较高，研发周期较长且风险较大。

目前，知名的云计算平台几乎都来自美国，如谷歌、亚马逊、Salesforce.com、Facebook 等，同时微软、富士通、IBM、SAP 等IT 成熟公司也建有企业内部的云计算平台。相比国外先进的云计算技术平台，我国刚刚开始起步的自主研发财务会计信息化的云计算平台尚待成熟，且应用推广力度不够。国外开发的云计算平台，由于众所周知的原因，广大的企业并不放心将企业的经济数据及会计数据放到这些外部平台系统上。而国内的云会计平台建设滞后，也使云会计这种新型会计信息化模式发展面临巨大的障碍。由于云会计的建设较多依赖于云会计服务提供商，而云会计服务提供商的专业能力和售后服务质量直接影响云会计的应用效果。一旦云会计服务提供商技术支持响应不及时，或者停止运营，就可能对企业的正常运营造成破坏性的影响。因此，云会计平台建设的滞后直接影响到会信息化的发展速度。

2.数据标准缺失困境

目前尚没有明确的指导性和约束性文件，云会计服务商只是凭着商业逻辑开发相关的软件并提供硬件基础服务，用户也只是根据自身需要选择相应的服务，至于是否符合未来云会计数据的要求，则无暇顾及。各厂商在开发产品和提供服务的过程中各自为政，为将来不同服务之间的互联互通带来严重障碍。例如，用户将数据托管给某个云会计服务商，一旦该服务商破产，用户能否将数据迁移至另一个云会计服务商？如果用户将数据同时托管给多个云会计服务商，能否便捷地执行跨云的数据访问和数据交换？目前在数据的处理标准方面还没有具体的突破，尤其是在数据汇集以后，如何整理、如何分析、如何访问，是三个密切联系又急需解决的问题。

在大数据环境下，数据该如何共享，如何保持一致性.也必须有标准来支撑另外.数据的质量标准是保证数据在各个环节保持一致的基础，这方面的缺失使数据的应用范围受到极大约束。由于数据标准的缺失，导致云计算的应用及服务标准也难以制定，如何对不同云会计服务商提供的服务进行统一的计量计费？如何定义和评价服务质量？如何对服务进行统一的部署？这些问题也使得云会计的普及举步维艰。

3.安全问题困境

云会计的安全不仅涉及当事企业，也与许多第三方企业的利益息息相关，这个问题解决得好，可以极大地促进云会计的发展，否则将使涉事企业面临经济、信用等多方面的巨大损失。一是存储方面的安全问题，云会计的存储技术运用虚拟化及分布式方法，用户并不知道数据的存储位置，云会计服务商的权限可能比用户还要高，因此云会计的数据在云中存储时，如果存储技术不完善，那么会计信息将面临严重的安全隐患。二是传输方面的安全问题，传统的会计数据在内部传输时，加密方法一般比较简单，但传输到云会计服务商的云端时，可能被不法用户截取或篡改，甚至删除，将导致重大的损失。

目前，我国网络会计信息化应用软件主要采用第一种认证方式，由于这种认证方式的设置比较简单，安全系数较低，其密码很容易被互联网中的监听设备或木马程序等病毒截获。此外，在身份认证管理方面，由于个别数据库管理员（DBA）或会计操作人员缺乏对系统用户口令安全性的认知，为了操作方便往往采用电话号码、生日号码等作为操作密码，这些数字口令极易被网络黑客破译，给系统留下了安全隐患 -

在云会计中，企业的各种财务数据通过网络进行传递，数据的载体发生了变化，数据流动的确认手段也出现了多种方式，这时加强数据加密工作是云会计安全运行的关键。

事实上，在我国网络会计系统中数据的加密技术仍然不是非常成熟。大多数软件开发商在开发软件时，数据密钥模块的设置过于简单加密则主要是对软件本身的加密，以防止盗版的出现，很少采取数据安全加密技术。虽然在进入系统时加上用户口令及用户权限设置等检测手段，但这也并不是真正意义上的数据加密。

网络传输的会计数据和信息加密需要使用一定的加密算法，以密文的形式进行传输，否则信息的可靠性和有效性很难获得保障。在数据没有加密的情况下，数据在互联网中传输容易出现安全性问题，企业竞争对手或网络黑客可以利用间谍软件或专业病毒，突破财务软件关卡进入企业内部财务数据库，非法截获企业的核心财务数据，并可能对传输过程中的数据进行恶意篡改。企业最为机密的核心财务数据遭黑客盗窃、篡改，或是被意外泄露给非相关人员，这对企业无疑是致命的。

第三节　财务风险预警和管理的创新

过去财务核心能力包括财务决策、组织、控制和协调，如果这些能力能够超过竞争对手的话，企业就会在竞争中具有绝对的优势。但是随着时间的推移，目前企业环境的多变性和不稳定性加剧了企业之间的竞争，企业除了具备上述的能力外，还需要拥有很强的识别能力以及对风险的预知能力。因此，现在的财务风险防范胜于防治，做好财务风险的预警和控制就成为当今企业的重要处理对象。

财务风险管理者对大数据分析方法的研究应聚焦于基于大数据的商务分析，以实现商务管理中的实时性决策方法和持续学习能力。传统的数据挖掘和商务智能研究主要侧重于历史数据的分析，面对大数据的大机遇，企业需要实时地对数据进行分析处理，帮助企业获得实时商业洞察。例如，在大数据时代，企业对市场关键业绩指标（KPI）可以进行实时性的监控和预警，及时发现问题，做出最快的调整，同时构建新型财务预警机制，及时规避市场风险。

　　企业所面对的数据范围越来越宽、数据之间的因果关系链更完整，财务管理者可以在数据分析过程中更全面地了解到公司的运行现状及可能存在的问题，及时评价公司的财务状况和经营成果，预测当前的经营模式是否可持续、潜藏哪些危机，为集团决策提供解决问题的方向和线索。

　　与此同时，财务管理者还要对数据的合理性、可靠性和科学性进行质量筛选，及时发现数据质量方面存在的问题，避免因采集数据质量不佳导致做出错误的选择。

一、大数据时代对财务风险理论的影响

1. 传统的财务风险及预警

　　公司所面临的风险主要涉及商业风险和财务风险，以及不利结果导致的损失商业风险是由于预期商业环境可能恶化（或好转）而使公司利润或财务状况不确定的风险；财务风险是指公司未来的财务状况不确定而产生的利润或财富方面的风险，主要包括外汇风险、利率风险、信贷风险、负债风险、现金流风险等。一个有过量交易的公司可能是一个现金流风险较高的公司。对库存、应收款和设备的过分投资导致现金花光（现金流变成负的）或贸易应付款增加。因此，过量交易是一种与现金流风险和信贷风险有关的风险。

　　对风险的识别与防控无疑是企业财务管理的核心与灵魂。财务理论中有关风险的核心观点与内容应该包括如下内容：（1）财务理论中所指的"风险"主要来源于数理分析中的"风险性和不确定性"事件。虽然有时候财务理论也强调"风险性"和"不确定性"之间的差异，但是在"主观概率的"引导下，几乎把"风险性"与"不确定性"等同起来看待；（2）财务理论大多关注如何"减低"企业流动性风险（偿付能力）等具体的风险；（3）在风险防范的对策方面，财务理论所提供的解决方法，一是对资本结构进行适当水平的动态调整；二是结合证券投资理念中的投资组合思想。

　　巴菲特认为，学术界对风险的定义存有本质错误，风险应指"损失或损害的可能性"而不是贝塔值衡量的价格波动性；用贝塔值衡量风险精确但不正确；贝塔值无法衡量企业之间内在经营风险的巨大差异。显然，这样的财务管理理论在风险与风险管理理念、内容和技术方面均存在缺陷，仅从数理角度去表达、计算以及探索风险防范。

2. 企业财务风险管理理论重构

　　在大数据时代，财务风险管理理论需要在多方面进行重构。

　　第一，财务风险概念重构。财务风险是一个多视角、多元化、多层次的综合性概念。一个现实的、理性的财务风险研究理论应该是在对风险要素、风险成因、风险现象等不同财务风险层次的理解和研究的基础上形成的。

　　第二，风险防控对策重构，要特别关注各类风险的组合和匹配。如 Ghemawat（1993）指出，当经济处于低迷期，企业需要在投资导致财务危机的风险与不投资带来竞争地位的损失之间进行权衡。而当经济处于萧条期，如果企业过度强调投资带来的财务风险，那将以承受不投资导致竞争地位下降的风险为代价。因此，企业需要根据对经济环境的判断，平衡投资财务风险和投资竞争风险。

第三，风险评估系统重构。企业应降低对防范风险金融工具的依赖。大数据背景下的财务管理理论应以实用为原则，围绕如何建立更加有效的评估企业经营风险状况的预警系统进行深入探讨，良好的风险预测能力是防范风险的利器。

对企业经营风险的控制，需要企业开发基于大数据、能够进行多维度情景预测的模型。预测模型可以用于测试新产品、新兴市场、企业并购的投资风险预测模型将预测分析学和统计建模、数据挖掘等技术结合，利用它们来评估潜在威胁与风险，以达到控制项目风险的目的。例如，万达集团基于大数据的预测模型，既是预算管控的最佳工具，也是风险评估与预防的有效平台。

二、在信贷风险分析中的应用前景

以 2008 年美国金融危机为例，这次危机肇始于房地产抵押贷款，雷曼兄弟、房利美、房地美、美林和贝尔斯登等财团相继破产或并购，倘若事前已经建立大数据风险模型，及时对金融行业的系统性风险及其宏观压力进行测试，这场波及全球的金融危机或许能够避免，至少可以避免房贷风险溢出而放大多米诺骨牌效应。

倘若 2008 年以前华尔街就建立了大数据财务风险模型，雷曼兄弟等财团能正确地对客户群进行预风险分析，倘若美联储和美国财政部早些时候能关注宏观经济流量和金融市场变量的风险，及早利用大数据分析技术制定金融危机预案，切断风险传递，危机就不会严重冲击全球经济。

综上所述，作为集团公司要建立风险防控机制，通过大数据风险预测模型分析诊断，及时规避市场风险，最大限度地减少经济损失。

信贷风险是长期困扰商业银行的难题，无论信贷手册如何详尽，监管措施如何到位，信贷员们如何尽职仍难以规避坏账的困扰，大的违约事件仍层出不穷。准确和有价值的大数据信息为银行的信贷审批与决策提供了一个新的视角和工具管理，信贷风险的难点在于提前获得某家企业出事的预警以前，银行重视的是信用分析，从财务报表到管理层表现，依据历史数据，从历史推测未来。自从社交媒体问世后，包括微信、微博在内的社交网站以及搜索引擎、物联网和电子商务等平台为信贷分析提供了一个新维度，将人们之间的人脉关系、情绪、兴趣爱好、购物习惯等生活模式以及经历一网打尽，为银行提供非常有价值的参考信息，银行凭借这些更加准确和具有厚度的数据完成对客户的信用分析，并根据变化情况相应调整客户评级，做出风险预判。这样一来，信贷决策的依据不再是滞后的历史数据和束缚手脚的条条框框，而参考的是变化中的数据。信贷管理从被动转变为主动，从消极变为积极，信用分析方面从僵化的财务发展到对人的行为分析，大数据为信贷审批与管理开创了全新的模式。

第四节　大数据时代下企业全面风险管理体系的建立

风险是指企业在各项财务活动过程中，由于各种难以预料或无法控制的因素，使企业实际收益与预计收益发生偏离的一种可能性，鉴于财务的谨慎性原则．提到风险人们一般最先想到的是损失与失败。风险管理是现代企业财务管理的重要内容，企业风险复杂性日益提高，不确定性将成为企业必须面对的一种常态。经济波动、资源紧张以及政治和社会变动都会对企业构成不确定、不稳定的经营环境，而研发失败、营销不力、人事变动等内部风险亦不可避免。风险管理和内部控制紧密相连，智能化风险管理系统对企业各项业务进行监控、指标检测及预警、压力测试，并可针对各类风险事件进行处理，实现事前、事中的风险控制及事后的管理监测。

同时，大数据还增强了企业风险管理的洞察力和前瞻性。内部控制是指企业为了确保战略目标的实现、提高经营管理效率、保证信息质量真实可靠、保护资产安全完整、促进法律、法规有效遵循，而由企业董事会、管理层和全体员工共同实施的权责明确、制衡有力、动态改进的管理过程。内部控制是一个不断发展、变化、完善的过程，它由各个阶层人员来共同实施，在形式上表现为一整套相互监督、相互制约、彼此联结的控制方法、措施和程序，这些控制方法、措施和程序有助于及时识别和处理风险，促进企业实现战略发展目标，提高经营管理水平、信息报告质量、资产管理水平和法律遵循能力。内部控制的真正实现还需管理层人员真抓实干，防止串通舞弊。

大数据时代下，企业面临着纷繁复杂的数据流，数据的有效运用成了企业的一种竞争实力。数据集成是通过各种手段和工具将已有的数据集合起来，按照一定的逻辑关系对这些数据进行统一的规划和组织，如建立各种数据仓库或虚拟数据库，实现数据资源的有效共享。随着分布式系统和网络环境日益普及，大量的异构数据源被分散在各个网络节点中，而它们之间往往是相互独立的。为了使这些孤立的数据能够更好地联系起来，迫切地需要建立一个公共的集成环境，提供一个统一的、透明的访问界面。

数据集成所要解决的问题是把位于不同的异构信息源上的数据合并起来，以便提供这些数据的统一查询、检索和利用。数据集成屏蔽了各种异构数据间的差异，通过集成系统进行统一操作。企业要根据数据驱动的决策方式进行决策，这将大大提高企业决策的科学性和合理性，有利于提高企业的决策和洞察的正确性，进一步为企业的发展带来更多的机会。内部环境是企业实施内部控制的基础，包括企业治理结构、机构设置及权责分配、内部审计、人力资源政策、企业文化等内容。

一、运用大数据推动企业内控环境的优化

1. 通过大数据推动内控环境有机协调

企业董事会、监事会、审计部、人力资源部等组织分立，职责区分，相互制衡，有助于内控目标的实现，但也容易产生纵向、横向的壁垒与相互协作上的障碍。而在内外部数据可得与技术可行的情况下，大数据有助于推动内控环境各环节、各层次之间的信息共享与相互透明化，从而推动内控环境内部的有机协调，提升内部控制的效果。

2. 通过大数据来准确衡量内控环境的有效性

如对企业文化的评估，是内部环境的重要环节，但企业文化又属隐性的如果能够通过对社交网络、移动平台等大数据的整合，将员工的情绪、情感、偏好等主观因素数据化、可视化，那么企业文化这种主观性的东西也就变得可以测量。

3. 通过大数据来增加内控环境的弹性

如在机构设置方面，一家企业创建怎样的组织结构模式才合适，没有一个标准答案。而在基于大数据分析的企业中，企业的人工智能中枢或者计算中心有望从企业的战略目标出发，根据企业内外部竞争环境的变化，对组织机构做出因时而动的调整。

二、运用大数据提高风险评估的准确度

风险评估是企业内部控制的关键工作，及时识别、系统分析经营活动中相关的风险，合理确定风险应对策略，对于确保企业发展战略的实现，有着重要的意义。来自于企业内部管理、业务运营、外部环境等方面的大数据，对于提高风险评估的准确度，会有明显的帮助。一些银行已经用大数据更加准确地度量客户的信用状况，为授信与放贷服务提供支持；又如一些保险公司也在尝试将大数据用于精算，以得出更加准确的保险费率。以此为启发，企业可将大数据广泛运用到内部风险与外部风险评估的各个环节。如在内部风险评估上，可利用大数据对董事、监事以及其他高管管理人员的偏好能力等主观性因素进行更加到位的把握，从而避免管理失当的风险，也可将大数据用于对研发风险的准确评估。在外部风险识别上，大数据对于识别政策走向、产业动向、客户行为等风险因素也会有很好的帮助。例如，招商银行是中国第六大商业银行，而 Teradata 是一家处于全球领先地位的企业级数据仓库解决方案提供商，在中国有数百家合作伙伴。Teradata 公司针对招商银行庞大客户群的海量客户数据，为其提供了智能数据分析技术服务，用于升级数据仓库管理系统。除此以外，Teradata 还监控并记录客户在 ATM 机上的操作，通过这种方法了解并分析客户的行为，能够有效预防借助 ATM 机实施的违法行为。

三、运用大数据增强控制活动的成效

1. 大数据为控制活动的智能化提供了可能

内部控制活动包括不相容职务分离控制、授权审批控制、会计系统控制、财产保护控制、预算控制、运营分析控制和绩效考评控制等。大数据可以通过以下途径增强控制活动的效果。基于各种管理软件和现代信息技术的自动化企业管理，在企业管理中早有应用。在大数据时代，海量、种类繁多、适时性强的数据进一步为智能化企业管理提供了可能。谷歌、微软、百度等都在以大数据为基础，开发其人工智能。有研究指出，机器人当老板，员工会更听话。机器人并非是万能的，但在智能化的企业内控模式下，控制活动的人为失误将得到明显的降低，内控的成效也会得到很好的提升。随着大数据在集团战略地位的日益提高，阿里巴巴集团旗下的淘宝平台开始推出多种商业大数据业务。阿里信用贷款基于采集到的海量用户数据，阿里金融数据团队设计了用户评价体系模型，该模型整合了成交数额、用户信用记录等结构化数据和用户评论等非结构化数据，加上从外部搜集的银行信贷、用电量等数据，根据该评价体系，阿里金融可得出放贷与否和具体的放贷额度的精准决策，其贷款不良率仅为 0.78%。阿里通过掌握的企业交易数据，借助大数据技术自动分析判定是否给予企业贷款，全程不会出现人工干预。

2. 大数据提高了控制活动的灵活性

财务战略管理制定实施中，必须对所有的因素和管理对象进行全面的考虑，细致到企业采购、合同签订、物资验收、资源保管、资金使用、报销、报废等多方面，只有全面这样才能使企业财务战略管理职能得到最大限度的发挥，才能将风险降到最低。风险是企业日常运营及生产中的最大隐患，重大的财务风险直接影响着企业的生存。全面的考虑能够强化财务战略管理的风险控制功能，使企业处于良性运作中。控制活动目的是降低风险，最终为企业发展服务，因此，关于内控活动的各项制度、大数据与企业内部控制机制与措施需要避免管理教条主义的陷阱。在控制活动全方位数据化的条件下，企业可根据对控制措施、控制技术、控制效果等各类别大数据的适时分析、实验，及时地发现问题并进行完善，从而提高管理成效。沃尔玛、家乐福、麦当劳等知名企业的一些主要门店均安装了搜集运营数据的装置，用于跟踪客户互动、店内客流和预计情况，研究人员可以对菜单变化、餐厅设计以及顾问意见等对物流和销售额的影响进行建模。这些企业可以将数据与交易记录结合，并利用大数据工具展开分析，从而在销售哪些商品、如何摆放货品，以及何时调整售价方面给出意见，此类方法已经帮助企业减少了 17% 的存货，同时增加了高利润自有品牌商品的比例。

3. 大数据分析本身即可作为一种重要的控制活动

大数据可以提高企业运营与管理各方面的数据化透明度，从而使得控制主体能够提高对企业各种风险与问题的识别能力，进而提高内控成效。目前，商业银行已开始逐步利用数据挖掘等相关技术进行客户价值挖掘、风险评估等方面的尝试应用。尤其是在零售电子商务业务方面，由于存在着海量数据以及客户网络行为表现信息，因此可以利用相关技术进行深度分析。通过分析所有电子商务客户的网银应用记录及交易平台的具体表现，可以将客户分为消费交易型、资金需求型以及投资进取型客户，并能够根据不同分组客户的具体表现特征，为以后的精准化产品研发、定向营销，以及动态风险监控关键指标等工作提供依据。虽然商业银行在零售业务领域存储了大量数据，但由于以往存储介质多样化、存储特征不规范等原因，数据缺失较为严重，整合存在较大难度，造成部分具有较高价值的变量无法利用。同时，大数据时代的数据包含了方方面面的属性信息，可以理解为"信息即数据"。因此，商业银行除了要积累各种传统意义上的经营交易数据外，还要重视其他类型的非结构化数据积累，如网点交易记录、电子渠道交易记录、网页浏览记录、外部数据等，都应得到有效的采集、积累和应用，打造商业银行大数据技术应用的核心竞争力。

四、大数据变革了信息传递与沟通方式

信息与沟通是企业进行内部控制的生命线，如关于企业战略与目标的信息、关于风险评估与判断的信息、关于控制活动中的反馈信息等。没有这些信息的传递与沟通，预测、控制与监督的内控循环就没办法形成。企业运营中的信息与沟通，经历了从纸面报告、报表、图片等资料到计算机时代信息化平台的变迁。这一过程中企业信息的数量、传递与分析技术，得到了重大的提升当前的大数据时代，企业在信息与沟通上又迎来了一个革命性的变化。企业把云计算应用于会计信息系统，可助推企业信息化建设，减少企业整体投入，从而降低企业会计信息化的门槛和风险。用户将各种数据通过网络保存在远端的云存储平台上，利用计算资源能更方便快捷地进行财务应用部署，

动态地调整企业会计软件资源，满足企业远程报账、报告、审计和纳税功能的需要。

云计算在具体使用中还要解决会计数据隐私保护及信息安全性问题，克服用户传统观念和使用习惯，打破网络带宽传输速度的瓶颈，避免频繁的数据存取和海量的数据交换造成的数据延时和网络拥塞。为更好地配套支持企业会计准则的执行，满足信息使用者尝试分析的需求，会计司推进了可扩展商业报告语言（XBRL）的分类标准建设，使计算机能够自动识别、处理会计随着《企业内部控制基本规范》的发布，企业在实施信息化过程中，要考虑如何将各种控制过程嵌入到业务流和信息流中。为了确保和审查内部控制制度的有效执行，必须加强信息化内控的审计点设置，开展对会计信息系统及其内控制度的审计，将企业管理系统和业务执行系统融为一体，对业务处理和信息处理进行集成，使会计信息系统由部门级系统升格为企业级系统，以最终达到安全、可靠、有效的应用。会计信息化除了需要建立健全的信息控制系统，保证信息系统的控制及有效执行外，还要通过审计活动审查与评价信息系统的内部控制建设及其执行情况，通过审计活动来发现信息系统本身及其控制环节的不足，以便及时改进与完善。

对于企业来说，来自于 OA、ERP、物联网等内部信息化平台的大数据，来自于传统互联网、移动互联网、外部物联网等的大数据，将使企业置身于一个不断膨胀的数据海洋。对于企业来说，大数据的革命可以为企业带来智能化的内部控制，也可以让管理者准确把握每一位员工的情感。大数据使企业内控进入一个全新的境界。对于很多金融服务机构来说，爆炸式增长的客户数据是一个亟待开发的资源。数据中所蕴藏的无限信息若以先进的分析技术加以利用，将转化为极具价值的洞察力，能够帮助金融企业执行实时风险管理，成为金融企业的强大保护盾，保证金融企业的正常运营。

与此同时，大数据也推动着商业智能的发展，使之进入消费智能时代。金融企业风险管理能力的重要性日渐彰显。抵押公司、零售银行、投资银行、保险公司、对冲基金和其他机构对风险管理系统和实践的改进已迫在眉睫。要提高风险管理实践，行业监管机构和金融企业管理人员需要了解最为微小的交易中涵盖的实时综合风险信息；投资银行需要知道每次衍生产品交易对总体风险的影响；而零售银行需要对信用卡、贷款、抵押等产品的客户级风险进行综合评估。这些微小信息会引发较大的数据量。金融企业可以利用大数据分析平台，实现以下分析，从而进行风险管理。（1）自下而上的风险分析，分析 ACH 交易、信贷支付交易，以获取反映压力、违约或积极发展机会。（2）业务联系和欺诈分析，为业务交易引入信用卡和借记卡数据，以辨别欺诈交易。（3）跨账户参考分析，分析 ACH 交易的文本材料（工资存款、资产购买），以发现更多营销机会。（4）事件式营销，将改变生活的事件（换工作、改变婚姻状况、置房等）视为营销机会。（5）交易对手网络风险分析，了解证券和交易对手间的风险概况和联系。

五、大数据为企业内部监督提供了有力支撑

大数据从字面上看往往使人们仅仅关注数据规模，而忽视了数据之间的联系在复式记账法下，每一笔凭证都有借贷双方，这就使得会计科目、会计账户、会计报表之间有着密切的钩稽关系。会计电算化的出现避免了手工记账借贷双方不平的风险，但在会计科目的使用规范、会计报表数据的质量校验等方面难有作为。对于中小企业来说，对会计报表的数据错误进行事后更正比较容易，但对于存在大量财务报表合并的集团企业，会计核算不规范将给财务人员带来较大的困扰。在大数据时代下，企业的核算规范和报表之间的钩稽关系将作为财务数据的校验规则纳入财务系统，对企业会计核算规范的执行和报表数据质量进行实时控制，这样就能实现企业月结报表合并的顺利执行，真正实现敏捷财务。

当前国外 SAP 公司的企业财务报表合并系统 BCS 已经能够对企业财务报表的钩稽关系进行强制检查，对于不能通过检查的报表，合并将无法继续。下属单位财务人员需要不断地去调整自己的凭证，以满足上报标准，完成月结，经过这样不断地磨合调整，集团整体的核算规范才能得到落实。但这样的方法仍然是一种事后控制，需要耗费大量的人力、精力，且公司人事变动对月结速度影响极大，如果将风险控制在做账环节则更有益于财务

管理的提升。

在上文提到的原始凭证"数据化"实现之后，我们可以通过对企业原始凭证种类的梳理，按照不同的业务内容对"数据化"原始凭证进行标记，财务系统会对原始凭证进行识别后，限制此类原始凭证可以使用的会计科目，从而进一步降低风险。

对企业内部控制环境、风险评估、控制活动、信息与沟通等组成要素进行监督，建立企业内控有效性或效果的评价机制，对于完善内部控制有着重要的意义。在这种内控的监督过程中，大数据至少可以提供两方面的帮助。其一，大数据有助于适时的内控监督。大数据的显著特点之一是其流数据、非结构化数据的适时性，在大数据技术下，企业可以适时采集来自于内部信息化平台、互联网、物联网等渠道的大量数据信息，以此为基础，对内部控制效果的适时评价就成为可能，定期报告式监督的时效缺陷就可以得到弥补。其二，大数据还有助于全面的内控监督。大数据另一个显著特点是总体数据的可得性与可分析性，传统审计中所进行的抽样评估的缺陷，在大数据下可以得到避免。基于这种技术的内部控制评价，将更为客观、全面。

六、大数据增加了企业对财务风险的预警能力

财务预警是以企业的财务会计信息为基础，通过设置并观察一些敏感性财务指标的变化，而对企业可能或将面临的财务危机实现预测预报或实时监控的财务系统。它不是企业财务管理中的一个孤立系统，是风险控制的一种形式，与整个企业的命运息息相关，其基本功能包括监测功能、诊断功能、控制功能和预防功能。

目前，财务危机风险预警是一个世界性的问题和难题。从 20 世纪 30 年代开始，比较有影响的财务预警方法已经有十几种，但这些方法在经济危机中能够真正预测企业财务风险的却很少。究其原因，大多数模型中，财务指标是主要的预测依据。但财务指标往往只是财务发生危机的一种表现形式，甚至还有滞后反应性、不完全性和主观性。更为严重的是在基于财务指标预警模型建立过程中，学者们往往都假设财务数据是真实可靠的，但这种假设忽略了财务预警活动的社会学规律，为财务预警模型与现实应用的脱节下了伏笔。许多学者建立了结合非财务指标的模型，但所加入的能够起到作用的非财务指标都是依靠试错方法引入的，即都是在危机发生之后，才能够使指标得以确认以及引入模型，下一次经济危机的类型不同，之前建立的财务预警模型便会无法预测甚至可能发生误导。因此，靠试错引入的非财务指标具有一定的片面性，忽视了这些指标间的相互作用和相互关系，无法顾及这些指标是否对所有企业具有普遍适用性。

大数据信息比以往通过公司公告、调查、谈话等方式获得的信息更为客观和全面，而且这些信息中可以囊括企业在社会网络中的嵌入性影响。在社会环境中，企业存在的基础在于相关者的认可，这些相关者包括顾客、投资者、供应链伙伴、政府等。考虑到企业的经营行为，或者企业关联方的动作都会使企业的相关者产生反应，进而影响到网络上的相

关信息。因此，我们可以把所有网民看作企业分布在网络上的"传感器"，这些"传感器"有的反映企业的内部运作状态，有的反映企业所处的整体市场环境，有的反映企业相关方的运行状态等。大数据企业财务预警系统不排斥财务报告上的传统指标，相反，传统的财务指标应该属于大数据的一部分。

互联网上网民对企业的相关行为，包含了线下的人们和企业的接触而产生对企业的反应，这些反应由于人们在社会网络中角色的不同，涵盖了诸如顾客对产品的满意度、投资方的态度、政策导向等各种可能的情况。起到企业"传感器"作用的网民，由于在线下和企业有着各种各样的角色关系。这些角色和企业的相互作用会产生不同的反应，从而刺激这些角色对企业产生不同的情绪。群体的情绪通过映射到互联网，才使这些信息能够被保存下来并被我们获取，这些不同的情绪经过网络上交互过程中的聚集、排斥和融合作用，最后会产生集体智慧，这些群体智慧能反映企业的某种状态。

在实证研究过程中，相关学者利用聚焦网络爬虫，收集了从 2009 年 1 月 1 日到 2013 年 12 月 31 日的关于 60 家企业的所有相关全网网络数据，包括新闻、博客、论坛等信息，经过在线过滤删重，最终获得有效信息共 7000 万余条。来自网络的上市公司相关大数据主要是非结构化的文本信息，而且包含大量重复信息。为了验证大数据反映的相关情绪能够有效提高财务风险预警模型的性能，首先要把这些信息进行数值化处理，过滤掉大量无效数据，并且进行基于财经领域词典的文本情绪倾向计算。同时对相关上市公司的有效信息进行频次统计，以便验证大数据有效信息频次对财务风险预警模型的影响。通过与财务指标的结合，对研究假设进行实际数据验证，发现引入大数据指标的财务预警模型，相对财务指标预警模型，在短期内对预测效果有一定提高，从长期来看，对预测效果有明显提高，大数据指标在误警率和漏警率上比财务指标表现明显要好，从而验证了在复杂社会环境中，依靠大数据技术加强信息搜寻是提高财务预警有效性的重要路径这一观点。

七、商业银行制用大数据评价电子商务风险的案例

随着互联网、移动通信技术的逐步应用，其对人们的生活、生产方式带来了强烈的冲击。电子商务、移动互联网、物联网等信息技术和商业模式的兴起，使社会数据量呈现爆炸式增长。因此，采用大数据技术，可以有效解决信息不对称等问题，合理提高交易效率，降低交易成本，并从金融交易形式和金融体系结构两个层面改造金融业，对风险管控、精细化管理、服务创新等方面具有重要意义。与 21 世纪初互联网刚刚起步时仅将网上银行作为渠道经营不同，当前的互联网金融具有尊重客户体验、强调交互式营销、主张平台开放等新特点，且在运作模式上更强调互联网技术与金融核心业务的深度整合，风险管理技术与客户价值挖掘技术等进一步融合。而且，随着大数据分析思维的渐入以及技术的逐步推广，通过个人客户网络行为产生的各种活动数据，可以较好地把握客户的行为习惯以及风险偏好等特征。因此，为了在大数据浪潮中把握趋势，可采用相关技术深入挖掘相关数

据，通过对客户消费行为模式以及事件关联性的分析，更加精确地掌握客户群体的行为模式，并据此进行零售电子商务风险评分模型设计，使其与客户之间的关系实现开放、交互和无缝接触，满足商业银行风险管理工作的精细化要求和标准，并为打造核心竞争力提供决策依据。

1. 电子商务风险评分模型的开发过程电子商务风险评分模型的开发过程具体如下

（1）进行相关业务数据分析和评估。此阶段是对内部电子商务企业数据和环境进行深入研究和分析，并对业务数据进行汇总检查，了解数据是否符合项目要求，并评估数据质量。

（2）基于相关建模方法进行模型设计。此阶段主要定义电子商务客户申请评分卡的目标和开发参数，如电子商务客户定义标准、排除标准，好 / 坏 / 不确定客户的定义，建模的观察窗口、表现窗口、抽样计划等。

（3）建模数据准备。此阶段根据详细的数据分析结果以及开发所需的数据，为模型开发进行数据提取和准备，主要进行业务数据及关键变量的推导、合并，生成建模样本中的每个账户的预测变量、汇总变量以及好 / 坏 / 不确定 / 排除标志。

（4）进行指标的细分分析。此阶段主要用来识别最优的群体细分，确定相关的建模备选变量，并在此基础上开发一系列的评分模型，使得整体评分模型体系的预测能力达到最大化。

（5）模型的确定和文档撰写。模型的确定和文档撰写包括最终模型的开发和最终标准的模型文档。在确定了建模的基础方案及各指标参数后，将采用统计学汇总及业务讨论等方法，对进入模型的每个变量产生一份特征变量分析报告，以评价各变量的表现情况。在此基础上，总结归纳变量的表现，并采用一定的方法，将账户的风险与评分结果建立起函数关系，构建体系性的评分卡模型。

（6）进行模型的验证。此阶段分为建模样本内验证和样本外验证，同时，样本外验证又分为建模时点验证和最新时点验证两部分。验证的工作主要是进行评分卡工具在模型的区分能力、排序能力和稳定性方面的建议工作。

2. 构建特征变量库并进行模型框架设计

此阶段的主要工作如下。

第一，创建申请及企业信息数据集（备选变量库）。根据相关业务特征及风险管理的实践，大致可以从个人特征类变量、网络行为类变量、交易行为类变量、合同类变量、征信类变量等进行相关备选变量的构建和组合。

第二，利用决策树模型，进行客户群组细分。通过上述备选特征变量，利用决策树模型，最终将客户划分为投资进取型、个人消费交易型和小微企业资金需求型客户。其中，投资进取型主要为理财类、贵金属外汇等产品交易类客户，其更多的是利用电子商务平台和网络银行渠道进行投资活动，而对信贷资金的需求较小。个人消费交易型主要为信用卡消费、网上商城消费的个人消费者和汽车贷款、消费分期等个人消费类贷款网上申请客户。小微企业资金需求型主要为 B2B 和 B2C 类的小微企业客户。

第三，进行各客户群组特征变量的分析和筛选。通过对各客户群组特征变量的分析可以看出，不同的客户群体，其高度相关的特征变量具有较大的差异性，例如，对于投资进取型客户，其登录网银账号后的点击栏目与个人消费型客户具有明显的差异，且信用卡利用频率和额度使用率也存在较大差异。因此，可以通过此类方法，寻找出最具有客户特征的变量组。

第四，进行模型框架设计。通过对上述客户群体特征的归纳和总结，同时考虑相关数据的充分性和完整性，目前可针对个人消费交易型以及 B2B 和 B2C 类的小微企业客户等风险评分模型进行构建。

3. 实证研究结果

以 B2C 类个人消费交易型客户风险评分卡模型为例，以某商业银行电子商务业务发展规模较大分行，基于 2009 年至 2012 年 12 月末的业务数据构建电子商务零售客户评分卡模型，同时，为合理扩大相关业务数据分析范围，涵盖了与电子商务相关的信用卡业务、小微企业业务、个人消费贷款等线下产品的相关数据。实证结果表明，采用大数据挖掘构建的零售电子商务风险评分卡模型，不仅提高了业务办理的效率，而且还可以全面衡量电子商务客户的相关风险。经单笔债项测试，采用电子商务风险评分卡可以在几秒钟内进行风险识别和评判。

第六章　大数据信息时代下企业财务控制

第一节　企业财务控制的影响因素分析

一、企业财务控制的目标

在我国，企业财务目标经历了产值最大化、利润最大化、价值最大化三个阶段。价值最大化目标是基于价值创造和现金流管理提出的。这一目标能得到人们的广泛认可，一是因为只有价值创造才能反映投资者的本质要求；二是因为现金流是联结各项生产经营活动、各项资产、资产与权益的纽带，是企业生存的命脉、发展的血液。企业财务目标也是其财务控制的目标。因此，价值最大化也是财务控制的目标。

作为一个多法人的联合体，企业集团财务控制并没有改变企业财务控制的本质和价值最大化的目标，因为从长远来看，企业集团的价值最大化与集团成员的价值最大化是一致的。

如同古典经济学认为市场竞争将解决问题一样，新制度经济学认为好的制度结构可以解决一切问题，所以这些相关理论都有意无意地忽略不确定性问题，也使得这些理论饱受批评（对契约理论的批评之一就是其过于短视化）。资源论对于风险问题的解决方法是强调"企业家"的能力，或者说在资源论中企业家是神一样的存在，可以对未来做出准确的判断，从而可以解决企业发展中面临的不确定性问题。按照常识，应对未来的不确定性问题的最好方法应该是事前的充分准备（预防）。从这个意义来说，战略作为一种面向未来的投资，应该是一种应对未来风险的有效工具，这或许也是战略问题备受重视且被实践证明有效的原因。所以，从企业管理的角度，面向未来的战略选择本身就是一种非常必要的控制手段，必须决定在未来做什么和不做什么，然后有目的地做些准备（投资），这样以后更有可能获得成功。

对单一企业而言，为了实现价值最大化的目标，企业财务控制一方面需要结合企业发展战略来配置资源，通过预算控制来监控战略的实施情况，以便企业能培育和提高自身的核心竞争力；另一方面，企业财务控制要在保证较低的财务成本和合理的风险水平的情况下，为企业的投资提供足够的资金保障。

和单一企业相比，企业集团财务控制有个点特殊性：一是存在集团整体战略和业务单位战略的区分；二是存在一个内部资本市场。前者意味着企业集团财务控制的战略导向是基于集团整体战略而不是某一业务单位战略；后者意味着企业集团可以通过充分利用财务资源的共享性发挥集团整体的资源协同优势，从而为集团投资提供足够的资金保障。集团战略界定了集团参与的行业与市场范围，业务战略则主要是某一行业或市场企业应如何击败竞争对手，所以集团资源配置的战略导向一般是通过调整其对不同业务单位的持股比例和集权程度来体现。企业集团在内部资本市场的财务资源共享则主要是基于不同业务单位的现金流在时间和空间的不均衡（同步），集团可以通过合理调剂实现降低成本和节约风险的目的。

企业集团既可以看作是企业组织的高级形式，也可以看作是企业外部组织的一种形式（在这里企业集团是企业外部组织的一种较紧密的形式，其他形式有连锁经营、品牌授让、战略联盟、价格联盟等）。企业集团这种组织定位的模糊造成了对内源性资金和外源性资金界定的模糊。也就是说，以产权为联结纽带的企业集团在其内部所形成的资本市场，既增加了集团的投资能力和承担风险的能力，又增加了财务控制的范围和难度。对企业集团财务控制而言，基于内部资本市场的资本控制的重要性要远远高于基于成员企业管理活动的财务控制。

二、企业财务控制的特点

企业集团是由多个法人企业（可包含非法人企业）共同组成的企业联合体。在企业集团内部，既存在母子公司之间按照类似于层级制原则来组织企业生产经营活动的控制与协调关系，又存在相互之间按类似于市场价格机制进行协调的市场交易关系。并且，企业集团成员企业之间的企业属性弱于作为单个企业的企业属性，企业集团成员企业之间的市场属性也弱于纯粹的市场上毫无关联的企业之间的市场属性，企业集团是介于市场和单个企业之间的一种中间性组织。显然，企业集团兼具"市场属性"和"企业属性"的双重属性使得企业集团的财务控制要远比单个企业的复杂，企业集团成员企业之间边界的模糊性更增加了这种困难。企业集团的财务控制与单体企业的财务控制相比有以下特点。

1. 企业集团财务控制的主体和客体复杂化

单体企业的财务控制与企业集团的财务控制相比，变成了"微观"层次上的财务控制。企业集团财务控制的实施，不仅包括企业集团中成员企业内部的财务控制，更为重要的是企业集团的核心企业或总部（根据集团组织形式的不同）针对不同类型的成员进行不同性质的财务控制。在企业集团里，不仅母公司具有独立法人地位及相应的独立的经营理财权，子公司等成员企业同样有着独立的法人地位及相应的独立的经营理财自主权，无论是母公司或子公司，在法律意义上体现着平等的社会人格。这就决定了企业集团的财务管理主体不可能只有一个，而是由包括母公司在内的若干不同层级的成员企业构成的一个以母公司为核心的多极复合的结构体系。例如，在不同集团的组建模式和组织形式下，财务控制的主体可以是集团公司、控股公司、集团总部、事业部、超事业部、子公司等，无疑是大大复杂化了。

此外，由于构成企业集团的成员企业可能在所有制、产权形式、行业、规模甚至国别上都不一样，企业集团的资金运动也涉及多个理财主体的不同层面；相应的，集团的财务活动也更加复杂，这种较大的差距使得财务控制的对象表现出更强的复杂性。例如，企业集团一般能够利用多种多样的融资、投资以及营运资金管理的形式或手段，能够进入更加广泛的财务活动领域，涉及更多的利益相关者及其层级结构，这既丰富了企业集团财务控制的手段和方法，也使集团财务控制客体变得更加复杂。

2. 企业集团财务控制和财务治理机制的融合

和公司的各种事务和运行机制可以分为公司治理和公司控制两个层次一样，公司财务方面的事务和运行机制也可以分为财务治理和财务控制。财务治理是一种对企业利益相关者财权的动态安排制度，通过这种财权安排机制来实现有效的财务激励与约束，同时是对建立利益相关者共同治理愿景的谋划。财务控制可理解为在企业的权威等级结构中上级依照相关法规、制度和契约从财务角度对下级实施的控制，主要包括审批下级提出的预算方案，监督下级预算执行的情况，以及对下级进行绩效评价和激励。这种划分在企业集团中却面临一个问题：对子公司而言属于财务治理范畴的财务事务和运行机制，在母公司层次却属于财务控制的范畴。如果说财务治理的依据是资源契约而财务控制的依据是管理契约的话，那么母公司层次的财务控制则融合了这两者。

3. 企业集团财务控制目标的战略统合性

尽管在追求价值最大化这一概念层面，企业集团与单一企业并无本质差异，但企业集团财务目标的特殊性在于其财务主体的多级复合结构。作为独立的利益主体，各个财务主体在理财过程中不可避免地会滋生谋求自身局部利益最大化的倾向，并进而引起成员企业财务控制目标偏离企业集团整体财务控制目标，甚至会导致成员企业的过分独立或缺乏协作精神。因此，集团母公司在财务控制目标的定位上，必须从集团整体利益最大化出发，依据集团战略，对母公司与子公司、母公司与其他企业、子公司以及其他成员相互间的利益冲突与财务控制目标进行统一规划和协调，进而在集团整体与成员企业个体财务控制目标间形成一种依存和互动的机制，即集团整体财务控制目标与成员企业个体财务控制目标在集团战略上的整合性。这就要求企业集团有非常明确的长期目标，并围绕这一目标有效地配置资源，以实现所谓"1+1>2"的协同效应。所以，集团战略应是财务控制的基础。

三、企业财务控制的影响因素

1. 企业集团战略

战略是一个被广泛应用的概念，但定义似乎并不十分清晰，但基本可以归为两大类别：

一是强调现有资源的使用，如波特的定位战略；二是认为战略是关注企业的长期发展，即企业如何有目的地培育、开发核心资源。两者显然可以统一，现在的经营是基于企业现有的核心资源，企业未来的发展则更依赖新的核心资源的培育、开发。因此，更认同将战略视为企业为未来更好地参与竞争所做的选择，或者说战略是企业为应对未来面临的不确定性所采取的重要手段。

作为管理控制系统的重要组成部分，企业财务控制自然也需要组织结构的支撑，而组织结构的设计要遵循这样一个原则：战略决定组织结构，组织结构传承战略。这样延伸下去，企业战略决定了财务控制机制的选择，财务控制机制的不同选择又会影响企业战略的执行效果。因为：①不同的战略要求不同的业务活动，从而影响管理职能和部门的设置，也影响着财务控制机制的建立；②战略重点的改变会引起组织工作重点的改变，从而导致各部门与职能在企业中重要程度的改变，并最终导致各管理职能以及部门之间关系的相应调整，财务控制也要进行相应的调整；③财务控制机制的有效性决定着企业战略执行力的高低。财务控制的目标是通过资源在内部优化配置和有效利用以创造更多价值，因此，财务控制在很大程度上决定了发展战略的实施和管理目标的实现。

这里的集团战略是指企业集团整体战略，即集团如何选择自身的行业和市场组合。从这个意义上说，企业集团战略是它在现有的竞争资源和可获得的新机会之间权衡的结果。基于资源的企业集团观也强调企业集团的战略选择要受其所拥有的资源存量及其获取或积累新资源的速度的限制。人们普遍认同这一观点，因为如果不存在企业资源的异质性，任何成功的战略很快就会被跟随者模仿，则任何企业也不可能保持长期竞争优势以获取长期超额收益。但是在重视企业现有资源存量的同时，也不能忽略企业获取或积累新资源的重要性，还包括其获取或积累新资源的速度。在知识经济的背景下，企业获取或积累新资源的速度也显得愈加重要。作为一个关系资源平台，企业集团这一以母子公司为核心的网络组织显然能够加快集团成员之间的资源交流和扩散。因此，企业集团对下属企业资源的战略整合能力也成为集团获取长期竞争优势的关键。

集团战略（公司战略）关注的是业务的取舍、拓展和组合，即集团应如何对现有业务进行分类，应该发展什么业务，舍弃什么业务，或者开拓什么新业务，目的是形成一种合理的业务组合。例如麦肯锡提出的"三层面业务"。

其中，第一层面是指集团目前拓展并确保其运作的核心事业；第二层面是指集团发展中的新业务；第三层面是指集团开创未来的事业机会（种子业务）

麦肯锡的三层面业务模型在实务中已得到了较为广泛的应用，如 GE（通用电气）、长虹都宣布了其三层面业务组合构想。可以确定的是，不同的业务需要的管理体制并不相同，解决这一问题的简单方法就是"把那些要求不同的控制模式的业务分离开来"，这显然需要集团采用较为分权的组织结构。和其他松散和分权化的网络组织（它们严重依赖相互的理解与非正式的关系，这有可能导致误解和机会主义）相比，企业集团网络的特点在于其战略性，这要求企业集团总部能够控制下属独立的业务，这也是其创造价值的前提。

在资源基础论看来，集团优势来源于其基本资源的专用性。一般而言，对于那些旨在联系紧密的业务中充分利用其专有资源的企业集团，其组织设计应该更有利于培育各个业务单位之间实现协调效应和相互联系；而那些旨在广泛的业务领域中充分利用其一般资源的集团的组织设计应相对简单，并主要关注维持总部对各个独立的业务单位的财务控制。这也和前面所提到的企业集团不同整合战略的要求相吻合。

2. 企业集团的组织结构

资源论将企业集团视为企业通过规模和多元化来充分利用资源以获得效率的结果，企业集团的发展导致了管理的复杂性。钱德勒通过对美国大企业发展的研究将其总结为"除非结构跟随战略，否则无效率将随之而生"，并认为大型的多元化公司需要实行多分部的结构。在威廉姆森看来，这种将官僚理性和内部市场巧妙结合为一体的多分部结构是20世纪末规模和范围空前庞大的公司的唯一管理方法。但正像惠廷顿和梅耶所指出的：结构是一个难以应付的问题。因为结构"不只是组织结构图上的线条，它还意味着控制和责任系统"。所以，多分部结构本身也在发生变化。对于企业集团而言，结构可能更加复杂，企业集团常见的组织结构一般有职能制、事业部制和子公司制三种。

职能制组织结构有利于促进职能领域内的有效协调、促使专业技能的提高和使员工看到清晰的提升路线，但也容易使集团高官们陷入具体事务中，以及存在对价值链的人为分割。钱德勒曾对其做过精辟的总结："集权的、按职能划分的部门的内在弱点……只有当高层经理任务增加到这样的程度，以至于他们再也不能有效地承担责任的时候，才受到批评。随着企业的经营变得越来越繁杂——这种情况必然会出现。一旦这种情况出现，少数的高层经理就无力同时处理长期的战略性问题和短期的经营性问题。"在钱德勒看来，"战略集权化和运营分权化"的事业部制的出现是企业规模扩大和多元化经营的必然结果，因为多分部公司的一个主要优势是经营决策的权力分配给组织的下级人员，从而使其与相应的具体知识相吻合。随着规模和多元化的进一步扩大，多分部企业由于战略层次过多且过分沉湎于控制导致行动迟缓和各自为政。战略与运营的分离曾造就了客观性，现在却造成了分割和隔绝。子公司制组织结构适用于业务种类繁多的企业集团，总部对下属机构的控制能力较弱，也较为适合组织结构扁平化。此外，在实务中还存在混合型组织结构，这种组织结构是前面三种组织结构类型的混合，因而能够满足集团战略对不同业务定位不同的需要。显然，集团组织结构的不同选择会影响财务控制上的集分权程度和控制模式的选择，也影响集团财务控制的最终效果。

3. 企业集团文化

（1）企业文化的含义

企业文化是企业在生产经营实践中形成的一种精神和凝聚力，以及企业职工共同的价值观念和行为准则。企业员工共有的价值观念和价值取向是企业文化的核心，影响着企业目标与战略的制定，影响着企业的管理风格，也影响着员工的日常行为。根据哈佛商学院的研究，决定企业竞争能力的因素有五项：技术创新因素、组织因素、人力资源因素、企业文化因素和资源因素，其中企业文化具有引导功能、凝聚功能、激励功能和约束功能，直接影响企业经营战略的实现。华为总裁任正非因此认为，文化就是管理的高级形式，是理念和思想层次上的管理。张瑞敏则强调优秀的企业文化对企业发展战略的推动作用，认为"没有优秀的企业文化，企业发展战略不可能落实"。

勒巴斯指出，每个企业或组织都在"市场""规则"和"文化"间寻求平衡。其中，市场的侧重点在于"输出控制"，通过市场价格这只"看不见的手"来检验组织决策的正确与否；规则的侧重点在于"输出控制"和"输入控制"的共同作用，但前提是投入和产出存在比较清晰的因果关系；而文化则将目标、规则、程序和角色内在化，因此，更加适应因果关系不清晰、不确定性较大且沟通困难时的控制。鉴于目前企业面临环境的不确定性日益增加以及因此导致管理控制的复杂性的增多，文化控制应是管理控制的基础的观点逐渐成为人们的共识，对于企业集团而言更是如此。

作为拥有经济和社会双重属性的组织，企业必然面临着复杂的制约关系，这也是企业进行管理控制的依据。然而，人们日益发现以层级制为基础的管理控制随着企业规模的扩大而逐渐陷入体制僵化和官僚主义的困境，从而使企业丧失了灵活性和适应能力。这促使人们日益重视企业文化的协调作用，企业文化也一直被视为企业整合内部力量和过程、适应变化着的外部环境的关键手段。它通过指导企业成员的行为与价值观念来对企业的行为产生影响，而人是组织中最具反应性、适应性和想象力的基本元素，企业任何行为的效率都要受到其成员行为的制约。当企业面临的环境发生变化时，企业文化能调节企业成员的行为以适应外部环境的变化，促使员工对企业决策做出迅速反应。可以看出，有效的企业文化能够把关注企业内部与外部、适应性与一致性、稳定性与灵活性等相互冲突的因素整合在一起，发挥其作为一个有效控制系统的作用。对于多级法人联合体的企业集团而言尤其如此。

（2）企业集团文化对财务控制的影响

企业被视为一组契约的联结，其中的财务契约是企业财务控制的基础。但企业的不完全性导致企业有许多行为没规定清楚也无法规定清楚，在这种情况下对他人行为的稳定预期必须在一种"默契"的基础上才能建立起来，否则企业的运行成本将很高甚至企业根本无法运作。这种默契和稳定预期就可以认为是企业文化。因此，企业文化也是一种弥补正式合约缺陷的一种机制。正是在这个意义上，张维迎认为"产权也是文化，它不仅仅是政府的法律条文，不仅仅是一种司法行为，更是每个人心目中的应有的行为规范"。在秦海看来，企业文化是对企业内部产权体系的有效强化："因为文化信仰的统一性和共同的理解，当每一个博弈者对这些文化信仰做出了最佳响应的时候，得到共同承认的文化信仰集合就是对博弈者的约束，而且是自我强制性的。"从这个意义上来说，以产权作为依据的财务控制的有效实施显然受到企业文化的影响。

由于企业集团成员企业拥有独立法人资格，因此，它们之间存在利益冲突与分享。但与完全市场竞争关系不同的是，企业集团内部共享相同的文化价值观念和信息等资源，能够弥补由于有限理性、信息不对称和机会主义所导致的市场缺陷，从而在固化的完全层级制和没有权威的市场机制的边缘创造新的组织秩序。

许多学者发现同样的制度或管理方法在不同企业的应用效果并不相同，造成这一现象的主要原因可以归结为企业文化的差异。对于财务控制而言，许多财务方法（如金融工具、绩效测评方法等）在不同企业应用的效果也存在很大差异（如金融衍生工具就被安然的财务人员用于财务欺诈），这说明财务控制目标的实现在很大程度上依赖企业文化的导向作用。因此，作为企业集团管理控制系统重要组成部分的财务控制，也应以企业集团文化为基础。

总之，企业集团财务控制是在一定的企业集团文化环境中运行的一种管理控制系统。如果把企业集团的财务控制系统看成是一个硬件控制系统的话，那么企业集团文化则是一个软件控制系统，两个控制系统相结合，才能更好地实现企业集团的控制目标。

四、企业财务控制模型

下面进一步分析企业战略资源的获取和开发、资源整合和配置以及资源的有效利用和竞争优势的关系，并从财务角度来分析财务控制在竞争优势培育各环节的作用，进而构建基于资源观的企业集团财务控制模型。

（一）企业竞争优势模型

1. 企业竞争优势来源分析的不同角度

尽管人们对于企业竞争优势的最本质来源是企业的战略资源这一观点并无异议，但人们从不同角度对竞争优势来源的形成进行了分析。

根据竞争优势形成的不同环节（价值链），可以将竞争优势的来源分为生产效率、配置效率和营运效率。其中，生产效率对应企业战略资源的培育和开发环节，即企业能否及时有效地开发和培育新的战略资源，为企业保持可持续竞争优势打下良好的基础。配置效率对应企业对现有资源的整合和配置环节，即企业能否把现有资源和行业机会很好地结合起来，通过资源和业务的匹配使企业获得竞争优势。营运效率对应资源利用环节，企业通过提高投入产出效率在产品市场上实现竞争优势，即为企业创造更多的价值。

根据竞争优势发挥作用的不同市场，可以将竞争优势分为要素（资本）市场的竞争优势和产品市场的竞争优势。其中，前者是指企业在要素市场中争取资源和合理配置资源的优势，即企业能比竞争对手获取更多的要素资源，并且能合理配置资源以充分发挥其效用（如建立科学的企业治理结构）；后者则是前者在业务战略上的体现，即企业在竞争性市场中能够持续地比其他企业更有效地提供产品或服务。

从以上分类和分析中可以看出，企业竞争优势的形成和保持与企业资源的开发及利用是密不可分的。在黄群惠看来，隐藏在企业资源背后的企业配置、开发和保护资源的能力，是企业竞争优势的层次来源。人们认可这种观点，并以此为基础来构建基于资源观的企业集团竞争优势模型。

2. 基于资源观的企业集团竞争优势模型的构建

结合上面对企业竞争优势来源的不同角度的分析，构建基于资源观的企业集团竞争优势模。资源的开发、配置、利用和企业集团竞争优势的关系：企业集团只有通过不断地开发和培育新的战略资源、合理配置以及充分利用这些资源才能为企业创造竞争优势；同时，企业集团拥有的竞争优势又有利于其获得更多的资源。李钢认为企业的竞争优势在某种程度上就体现在其与竞争对手在争夺有限的资源时较强的能力上，具有竞争优势的能争夺更多的资源，否则只能获得较少的资源。企业要想保持长期竞争优势就需要保持下列因素的良性循环。

3. 基于资源观的企业集团竞争优势模型的解析

企业集团可持续竞争优势模型显示了企业集团竞争优势和相关资源因素之间的结构关系及其可持续机制。

第一，模型概括了企业集团基于资源的竞争优势可能的来源。同时，如果考虑到战略资源的获取和开发、资源的战略整合和配置本身的战略导向，而战略本身又是基于对企业集团资源和外部机会的合理匹配的话，那么可以说这一模型是对企业竞争优势来源的一个全面概括。

第二，战略资源获取和开发、资源的战略整合和配置以及资源利用构成了企业集团资源经营管理的金三角。动态地看，它们缺一不可、相互作用，共同为企业集团创造经济价值，形成竞争优势。竞争优势又会为企业稳定发展带来资源优势，这又有利于企业生产效率、配置效率和营运效率的进一步提升，使企业集团的竞争优势得以持续和进一步增强，形成良性循环。生产效率、配置效率、营运效率和竞争优势之间存在六个相互增强或减弱的环路，其中一个要素出现故障，就会影响其他要素，它们之间的协同作用决定着企业竞争优势的强度和持续性。传统理论在论述企业可持续竞争优势时，大多是孤立地讨论生产效率、配置效率和营运效率，对它们之间的相互关系涉及甚少，实际上正是它们之间的相互作用确保了企业竞争优势的持续性。

第三，从模型中四项要素之间的互动关系可以看出，当其中某一项要素出现问题或危机时，其他要素可以支撑企业集团在解决危机或实现突破时的正常运转，这为企业集团实现发展中的突破或提高承担风险的能力提供了坚实的基础。

第四，企业集团的产权结构、组织结构、管理控制系统、文化和战略是这一模型的支撑系统（平台）。它们之间的协调一致性程度决定着模型能否顺利地运转。

(二)企业财务控制模型

1.模型构建

一般来说,企业竞争优势等同于价值创造,或者说竞争优势在财务上就体现为企业比竞争对手创造了更多的价值。同时,资源的获取和开发从财务角度来说就是企业投资行为;资源配置和整合在财务上主要体现为资本结构的选择,一是营运活动作为战略的执行过程在财务中则意味着预算控制活动。需要注意的是,资源的获取、开发与资源的配置与整合严格来讲都属于投资范畴,在这里予以区分:将前者界定为开发增量资源,而将后者视为如何有效利用存量资源。存量资源是企业通过长期缓慢的积累形成的,是分析企业竞争优势的重要基础;增量资源则是企业通过长期持续投入而开发的,目的是巩固其现有的竞争优势,或者是为了培育新的竞争优势积累资源。以这种区分为基础,可以按照这种应对关系构建基于资源观的企业集团财务控制模型。

采用这种对应关系来构建模型的依据就是吉登斯的"结构化理论",即竞争优势模型体现的是企业的"行为"方面,而财务控制模型体现的是企业的"结构"方面,两者实为一枚硬币的两面。同时,这和希望通过资源观角度切入集团财务控制研究,通过融合企业契约论和资源观的观点,以实现将企业集团的产业发展线和管理控制线结合的目的相一致。

可以说,企业集团和单体企业财务控制最明显的区别就在于,对单体企业来说本属于外部控制机制的财务治理,在企业集团治理边界内也被纳入了内部控制机制的财务控制范畴。因此,企业集团财务控制实际上包括两个组成部分:属于公司治理范畴的财务治理和属于公司管理范畴的财务控制。

企业集团管理包括产权管理、战略管理和业务管理三个独立而又互相关联的方面。但相对而言,产权管理在企业管理中居于更加重要的地位。其中,产权管理是集团针对成员企业投入资本的管理,如应否投资某个项目,以什么方式投资(控股、参股等),决策权限的分派等;战略管理的目的则主要是明确企业集团投资的范围和领域,以充分利用现有资源和开发新的战略资源;业务管理的目的则是依托集团的资源优势,实现在某一产品市场的竞争优势。这也可以和模型中资本控制、投资控制和预算控制对应起来。也就是说,从财务角度对企业集团竞争优势模型的结构化描述是成立的。

2.模型解析

第一,模型展示了企业集团财务控制权的来源。控制总是和决策权限的分配相关,财务控制也不例外。企业集团财务控制权是以集团公司为主的财务控制主体所拥有的,是使集团资本运动链沿着企业集团整体价值最大化目标发展的权利。集团公司的财务控制权是法律赋予的,其他层次上的财务控制主体的控制权实质上是人力资本所有者凭借其人力资本通过授权形式获得的。

第二,企业集团财务控制的目标是实现集团价值最大化,模型概括了集团财务控制各环节与这一目标的关系。一般来说,资本控制通过控制资本成本和风险来为企业创造价值,同时合理的产权结构具有良好的激励功能；投资项目和方向的选择会和企业价值创造的能力密切相关；营运效率的提升则体现为成本的节约或者收入的增加，这直接影响着当期的企业现金流入。这一关系也可以通过拉帕波特的股东价值结构图得到一定的证实。

第三，集团较强的价值创造能力能为企业集团下一步的投资提供更多资金来源，并且实践证明，内生性的资金来源是企业长期稳定发展的可靠资金保障。因此，模型中各因素之间并不是简单的互动关系，而是一个相互增强或减弱的循环过程。

第四，企业可持续价值创造能力以长期坚持的投资为基础，表现为企业集团通过财务控制权的分派实现了财务资源和人力资源、战略控制和财务控制的整合。这种以各种控制机制整合为基础的集成控制机制是财务控制的最高阶段。

第五，企业集团组织结构、战略、文化等的匹配是企业集团实现良好财务控制的基础，各种财务控制方法的合理运用则是实现有效财务控制的必要条件。集团战略的目的是对集团的现在和未来进行定位，即选择集团目前和未来的业务组合。因此，它既决定着集团存量资源的整合和配置，也影响着集团培育和开发新增资源的方向。组织结构和文化则在很大程度上决定了集团的执行能力，或者说合适的组织结构和匹配的组织文化是集团战略得以有效执行的基础。"大源于战略，强源于执行"，可见，集团组织结构、战略和文化是实现集团财务控制价值最大化目标的基础和保障。

第六，集团多单位、多业务组合的特征有利于提高其价值创造能力和潜力。对于集团内处于成熟行业的业务，集团财务控制的重点是通过提高营运效率、削减成本等方法来提高其利润水平，以便为集团投资提供资金保障；对处于新兴行业的业务，集团则将重点放在加大投入以促使其高速发展上。例如处于医药（投资回报率高达 40% ~ 50%）等高投资回报行业的业务，高投资回报率依赖新产品开发的速度，集团财务控制的重点是通过加大投资力度以加快推出新产品或加大现有产品的市场渗透，而不是削减成本和提高运营效率。同时，对那些很难为集团创造价值的业务，应尽快将其剥离或出售，将回收资金用于有创造价值的投资上。可以说，集团财务资源的共享是集团财务控制相对于单体企业的根本优势所在。

第二节　企业资本控制

从财务的角度看，企业是一个所有权的集合体，或者说是企业要素所有者为了实现自身利益最大化和各自利益的平衡而签订的一组契约；从资源的角度看，企业是一系列资源的集合体，目的是实现这些资源的整体优势和发挥协同效应。两种观点的共同点是都强调了决策权限的分配：前者认为决策权限的分配是基于财产所有权，后者则认为决策权的分配是和关键资源的占有权相关。在西蒙斯看来，决策权限分配是和控制问题紧密相关的。以财产所有权为基础的决策权分派和控制是受到法律保护的，《中华人民共和国民法通则》

第七十一条规定，财产所有权是指所有人依法对自己的财产享有占有、使用、收益和处分的权利。从这个意义上来说，派生于关键资源占有权的决策权限的分派和控制由于得不到法律的保护而往往依赖和财权的联结来实现。尽管无产权保障的治理机制可以在特定条件下解决公司的效率问题，但从长远来看，产权安排却限制了各种治理机制对公司效率发挥作用的程度，产权解决不好，各种治理机制对公司效率的影响始终存在。同理，企业集团中母公司对子公司的监控也是依靠资本控制来实现的。将两种观点整合起来可以看出，企业集团资本控制的关键就在于最大限度地发挥母子公司资源共享优势和协同效应，以实现母子公司双方共同利益的最大化和各自利益的平衡。

一、企业资本控制的特点

企业集团资本控制是母公司以其所持股权为依据对子公司进行的财务控制。企业集团资本控制具有以下五个特征：①资本控制的唯一依据是股权投资，非股权投资而形成的控制不属于资本控制；②资本控制的适用范围是以股权投资为主要连接纽带的企业集团；③资本控制的主体是集团母公司，客体是集团子公司，不包括未形成实际控制的参股公司、关联公司；④资本控制的目的是从子公司的经营活动中获取利益，这种利益包括资本收益在内的有利于集团整体利益、长远发展和组合效益的多种利益；⑤资本控制既包括控制权力，也包括实施权力的管理活动和控制手段。

一般来说，公司治理制度可以分为四种控制力量：①资本市场和控制权市场；②法律、政治和管制制度；③产品和投入要素市场；④以董事会为首的内部控制制度。其中，前三种力量构成了公司外部治理机制，即这些力量通过制约掌握公司控制权的内部人发挥作用。后者则构成了公司内部治理机制，因为它直接作用于公司内部控制体系。相对而言，前三种力量虽然具有关键作用，但往往缺乏及时性并且代价高昂，因此应作为最后的选择。因此，内部治理机制与外部治理机制的关系应该是：内部治理机制是公司治理制度的核心，而外部治理机制是公司治理制度的外在保障。外部治理机制作为一种"救火机"式的事后机制，其目的在于催生有效的内部治理机制，防止内部治理机制的蜕变和过分恶化，并在必要的时候改革失败的内部治理机制。而内部治理机制作为一种防患于未然的事前机制，能够直接有效地实施及时性的战略调整，并改进公司管理效率。这主要因为内部治理机制基于信息上的优势，可以快速及时地对相关事件做出恰当的反应，并具有一定的前瞻性。

企业集团资本控制的特点是它兼有外部控制机制和内部控制机制的特征：对子公司来说，资本控制是一种外部控制，但对整个企业集团而言，却属于内部控制，是站在集团公司的角度来讨论企业集团资本控制的问题。因此，集团公司对子公司的资本控制兼有内部控制机制和外部控制机制的特征。

二、企业资本控制的目标

结合以上论述，企业集团资本控制的目标可以概括为通过合理安排企业集团对子公司持股结构，合理分配企业决策权限以最大限度地发挥母子公司资源共享优势和协同效应，实现企业集团整体价值的最大化。

企业集团资本控制的特征意味着企业集团资本控制的目标具有层次性，这种层次性是由资本控制的基本内容决定的。集团公司资本控制主要包括以下基本内容和层次：资本控制的直接目标是界定母子公司责、权、利，形成集团决策机制；资本结构控制的直接目标是优化整个集团的资本配置；资本关系（委托代理关系）控制的直接目标是约束公司经营管理者，减少代理费用；业绩评价的直接目标是计量子公司的价值和经营成果，评价子公司管理者的业绩，激励子公司的经营管理者，解决动力问题。

三、企业资本结构决策

股权投资（资本纽带）是企业集团对子公司进行资本控制的法律依据，而企业集团的资源集合体特征又意味着集团实现有效资本控制的前提是协调好财务资源和智力资源之间的结构和关系，以更好地实现两者的耦合，以便为集团创造更大的整体价值。从财务的角度考虑，企业集团资本结构的安排和动态调整是实现上述目标的基本途径。

（一）企业集团资本结构决策的特点和依据

1. 企业集团资本结构决策的特点

和单一企业的公司产权结构决策相比，企业集团资本结构决策具有以下两个突出特点。

第一，战略导向。企业集团产权结构安排需要从企业集团整体战略出发，考虑其对各被投资企业的出资额和控股方式，以期通过各被投资企业间的相互协同来达到集团整体的业务协同与母公司财务收益最大化。因此，它不仅涉及集团公司对下属公司的控制比例、控股方式，还涉及集团公司如何从战略上把握各下属公司间的产业关联和管理关联，并通过产业关联或管理关联、收益实现方式等，实现企业集团整体价值的最大化。

第二，可调整性。单一企业产权设计力图通过"股权—控制权—公司治理与管理控制—业绩表现"这一逻辑来解释股权结构与公司业绩间的关系，它所体现的是一种静态的经济学意义上的分析，难以体现对股权结构这一要素及其派生的各种权利的管理属性。集团产权结构设计研究则力图围绕"从战略上回答为什么要设立子公司—集团公司资源可得性及对各子公司持股比例与控股方式—对子公司的控制权及管理体制—各子公司的业务、管理协同—最终财务业绩—集团公司总体协同业绩与集团公司股东价值最大化—集团公司对各子公司股权结构的再调整等"这一逻辑思路与管理闭环来展开。它非常强调股权的可设计性与可管理性，关注股权在整个企业集团内部的可调控性、股权所派生的各种权利的综合应用性及资源整合性。也就是说，在管理理论上，它考虑的是股东持股比例及其与之对等的各股东主体所拥有的各种派生的管理权利，通过合理化应用这些管理权利来达到管理目的。

2.企业集团战略是其资本结构决策的依据

对企业集团来说，努力使下属业务单位成为集团整体战略的有机组成部分，以战略指导企业集团创造更大的整体价值和整体竞争优势往往是其成功的重要基础。

企业控制的权力有两个来源：关键资源的专有权和产权。来自关键资源的权力是一种"进入权"，即能够使用某种关键资源，或者对某项关键资源起作用的能力。"进入权"理论认为，企业中的权力来源于对公司组织租金创造有价值的资源的控制，这些资源不一定是财务资源，也可以是信息、知识、创意、客户关系等企业的关键资源。从某种意义上来说，公司治理结构中所强调的委托—代理关系就是由于两种资源拥有者的分离，所以"智力资本"和"物质资本"的组合方式和结构才显得重要。由于关键资源"进入权"也可以派生出控制权，所以企业集团在进行资本结构决策时必须考虑母子公司的资源结构、性质和相对价值的高低。一个基本的原则是资本结构决策应能够协调派生于产权的控制权和派生于关键资源"进入权"的控制权。这种协调的一个基本目的是避免两者的冲突和对立：如果母公司拥有关键资源，就可以采取控股的方式来充分发挥自身资源优势以创造更多价值；如果子公司拥有关键资源，集团公司最好是以参股的方式获得一定的"发言权"，以充分发挥子公司关键资源的优势。这一点对于中国企业集团尤为重要，人们认为中国企业集团普遍存在的管理失控现象并不能完全归结为产权界定的模糊，集团公司缺乏关键资源也是一项重要的影响因素。由于缺乏关键资源，企业集团就不能通过对集团范围的资源整合和配置以实现整体优势，导致中国企业集团广泛存在"集而不团"的现象，形成了一大批所谓"形似（股权联结）"而"神不似（缺乏资源共享和协同）"的企业集团。

（二）不同资本结构下的资本控制

企业集团资本控制的核心是企业集团得以形成的股权纽带：母公司正是凭借对子公司投资形成的股权，进入子公司的股东会和董事会，才能对子公司的人事任免、资产处理、经营管理等发挥决策作用，形成对子公司的人事等关系。企业集团在下属子公司、关联公司中形成的产权网络无形中已把各个企业连成了一个利益共享、风险同担的结合体，这时核心企业的总体规划要以成员企业的实际情况作为考虑问题的出发点，遵循自下而上的操作原则并形成最终的方向性决策，成员企业也应以集团的总体目标为发展方向，在制定企业发展规划时予以贯彻和参照。

企业集团资本控制在总体上要解决的问题是集权与分权的问题。集权与分权是对企业权利分配的两种对立的措施：集团既要是一个协调、互动、高效的组织，这样才能发挥规模效应和协同效应；同时，还要是一个遵循法律上的相对独立性、直接面对竞争和市场、创造宽松氛围以利于创新的组织。在任何一种情况下，企业集团都是在控制与自由的两难中寻求一种集权与分权的平衡，都需要考虑"有控制的分权"这一原则。有效的集团资本控制框架包括：强有力的母子公司财务控制体系，能够控制和协调各成员企业的活动，这是集权与分权问题的直接体现；设置合理的集团组织结构，包括有效的财务职能的组织结构和其他牵制财务职能的组织结构；有效的集团财务监管体制。

1.集团对全资和绝对控股子公司的全面控制

全面控制是指集团为了对全资子公司或绝对控股子公司进行绝对财务控制而采取的一种全面控制模式。这种控制模式的特点是：母公司对子公司的财务、人事、经营活动进行全面控制，包括母公司直接任命子公司的管理层，直接参与子公司的产品开发，子公司的收益分配政策由母公司决定。这种模式的组织结构为在总部设副总经理分管各子公司，各职能部门对子公司的对应职能部门进行直接领导。

全面控制模式的优点是：母公司能够直接控制子公司，母公司能够及时决策，并迅速在子公司中实施；母公司的职能部门对子公司职能部门进行相应控制，控制的反馈及时；母公司对子公司的直接管理减少了管理层次，控制力度增大；母公司能够有效地调配各子公司的资源，协调各子公司的经营活动，发挥整体功效。这一模式也有缺点，主要是子公司的经营管理积极性与能动性受到限制，导致子公司本位主义严重，对长远发展和母公司的长期目标不利；同时，子公司会将经营的失败归咎于母公司的指挥失误，从而对母公司产生影响。

2.集团对相对控股子公司的重点控制

在相对控股情况下，母公司通过资本投入成为子公司的股东，并取得了相应的资本控制权。这时，母公司对子公司的控制是通过取得股东会及董事会的表决权优势来取得，母公司的收益来自公司盈利的分红。

重点控制比较符合现代企业制度，同时有利于企业集团内母子公司法人治理结构的建立，母公司对投资的退出机制和融资机制较有效，子公司发展得好，母公司可以通过上市重组等方式使子公司吸纳新股东，进行资源扩张，从而推动子公司的发展；子公司发展不好，母公司可以通过资源运作将子公司出售。但这种控制模式的缺点也是很明显的，主要表现为子公司是完全独立经营的法人实体，其财权、人事权、经营权独立于母公司而母公司仅通过股东会、董事会来对其实施控制，控制距离较长，控制反馈不及时，使控制的有效性难以保证，董事会的作用往往不能有效发挥，容易造成投资失误，导致资源浪费。

要保证这种重点控制的有效运用，企业集团母公司必须加强董事会的作用，母公司可以通过设立常设董事和执行董事增加董事的权力，实现董事会与子公司总经理权力的合理分配。此外，母公司还必须建立对投资企业的信息反馈渠道，母公司可以通过对投资企业派驻管理人员的方式增加子公司的信息来源渠道。

对参股企业，集团公司具有"发言权"但缺乏控制权，只能通过这种股权联结实现集团与参股企业的稳定关系，或是希望获得某些资源或长期发展机会。通过参股获得诸如知情权等相关权利也为集团下一步的股权结构设计提供了条件。

需要注意的是，企业集团是作为一个整体组织而存在，集团有共同的利益追求和共同的战略目标。为了实现共同目标，客观上也要求各成员企业在生产经营活动中协同运作，形成集团优势，实现企业的聚集效益。成员企业间协同性的大小取决于组织结构层次的松紧。与集团公司关系密切的控股层企业不仅与集团公司协作性强，控股层中诸企业之间的关系也较为密切；而参股层企业与集团公司及集团其他成员企业之间的关系则逐渐疏松，协作关系也逐次降低。集团公司结合不同持股结构对不同成员企业采取不同的控制方法，符合企业集团的层次性结构，显示了集团对不同性质子公司的区别对待，也有利于企业集团实现自身的长期发展战略。

四、集团公司对子公司经营者的激励和监督

无论权力的来源是财产权还是关键资源的控制权，作为一种多层级的组织形态，集团公司为减少失控损失，实现整体经营目标，就必须对其资本组织内部的子公司管理者进行激励和监督，对资本投资和配置做出决策。企业集团通过对子公司经营者绩效评价、激励与监督机制的应用，在避免代理损失和增加代理成本之间进行平衡，协调委托代理关系，其构成了集团公司资本控制的重要内容。

（一）企业集团对子公司经营者的绩效评价

1. 绩效评价的演进

绩效评价的发展是与企业管理的实践紧密结合在一起的。早期的业绩评价主要致力于提高经营效率，如19世纪末以泰罗为代表的管理学家基于对工作效率的系统化研究建立了标准成本、差异分析及相应的奖励制度。随着多元化经营和分权化管理的发展，人们又在业绩评价中逐步引入业绩指标，如20世纪初杜邦公司以投资报酬率为中心创造至今仍被广泛应用的杜邦分析体系。杜邦分析体系在企业管理中发挥的巨大作用奠定财务指标作为评价指标的统治地位。应用最广泛的评价指标有投资报酬率、权益报酬率和利润等财务指标。尽管对于绩效评价中过于强调会计指标存在争议，但由于会计数据易于获取、可比性强，且具有使业绩评价更具可操作性的特点，致使到目前为止，它仍是绩效评价的重要组成部分。

进入20世纪80年代，由于日本企业快速崛起，学界和实务界对于其成功原因进行详细分析，西方国家理论界和有关行业组织对企业绩效评价的研究更加深入，理论界开始关注非财务绩效指标的使用，但实践中依然是以财务绩效评价指标为主，只不过更加具体和细化。例如，美国管理会计委员会从财务效益的角度发布"计量企业业绩说明书"，提出了净收益、每股盈余、现金流量、投资报酬率、剩余收益、市场价值、经济收益、调整通货膨胀后的业绩（主要是基于20世纪七八十年代世界范围内的两位数的通货膨胀率）八

项计量企业经营效绩的指标。随着市场竞争的加剧和影响企业绩效因素的日益复杂化，会计界进一步提出了企业绩效评价的权变理论。该理论认为，实践中没有一种不变的普遍适用的管理原则可以遵守，企业必须随机应变，及时有效地对社会环境的变化做出反应，才能立于不败之地。这是一个定量评价与定性评价相结合的复合评价体系，是一种更加综合的评价方法，是以财务为核心的业绩考评衡量系统，即以财务报表所提供的数据为基础，计算出有关的财务指标，对企业的业绩进行反映和评价，如杜邦分析系统、沃尔的财务状况综合评价、财务状况综合评分等。它们在认识企业控制能力、获利能力、偿债能力、成长能力等方面发挥了巨大的作用。这一时期在美国企业评价系统中，一般都有统一的评价标准，但主要基于主观判断，量化的数据资料标准所占比重较小。进行评价时，评价主体考虑风险结构的影响，收集有关定量与定性信息，与评价标准进行比较，然后通过权衡选定一个级别。

20世纪90年代以来，人们提出了将财务指标和非财务指标相结合的企业绩效评价方法，如作业成本核算法、平衡记分卡、经济增加值评价法等。现在，随着企业伦理、社会责任等问题日益引起人们的关注，人们又将一些反映利益相关者的利益指标纳入了绩效评价指标体系。绩效评价指标体系的日益扩张反映了企业所处内外部环境的动态化和复杂化，但过多的绩效评价指标体系也在降低绩效评价的效果，一如过多的目标降低其实现有效程度一样。并且，对于处于不同经济环境、不同市场结构、不同生命周期以及不同行业、规模等的企业来说，本来就不应该存在一套普遍适用的绩效评价指标体系。

通过分析可以发现，企业绩效评价的上述发展过程遵循以下三个逻辑。

第一，组织背景的变化是绩效评价系统设计的起点。企业作为复杂的、开放的有机系统，要在剧烈变动的市场中生存和发展，就必须有能力及时察觉组织内外环境的变化，并积极做出应对，绩效评价系统作为企业适应组织背景并确保战略实施的一种工具，以组织背景为起点进行设计就成为一种必然趋势。

第二，绩效评价与组织管理的整合趋势进一步加强。审视绩效评价的发展进程可以看出，业绩评价与组织管理的整合趋势进一步加强。例如战略制定和战略规划应该是业绩评价子系统设计和应用的前提；为了实施控制，需要通过信息反馈与报告监督战略实施与执行情况；为了提供动力，需要将评价结果与奖惩相挂钩，建立激励机制。因此，要使业绩评价系统发挥其应有的作用，就必须使其充分融入组织的管理控制系统之中。这种整合的理论基础是战略管理和管理控制理论。对处于激烈竞争环境中的公司而言，战略管理已成为一种相当重要的工具。对于现代企业而言，关键问题不在于战略规划和战略实施，而在于战略的控制。管理控制系统就是这样的一种控制机制。业绩评价在管理控制系统中处于核心地位，因为对于一个组织而言，通过业绩评价可以比较实际结果和业绩目标之间的差距，从而帮助管理者时刻注意追踪战略的实施，最终实现组织目标。但是业绩评价系统要发挥作用，必须依赖其他子系统的支持。战略计划是业绩评价系统的前提，如果没有战略计划，就难以确定业绩评价的目标和基准。信息与沟通是业绩评价系统的基础，如果没有及时的信息反馈，管理者就难以做出正确的决策；如果没有充分的内部沟通，管理者的决策就难以获得有效的支持。业绩评价必须与报酬计划相结合，如果业绩评价缺乏明确的报酬计划或者报酬计划不以业绩评价为依据，就会导致业绩评价的激励作用和约束作用大大降低。总之，业绩评价系统的设计必须与管理控制其他子系统保持一致性，否则难以实现组织的战略目标。

第三，绩效评价系统化发展趋势愈加明显。绩效评价的系统化体现在指标的扩展，即从过去的单一指标逐渐过渡到多元的指标体系、从只有会计基础的财务指标逐渐发展成为各种基础皆有、从只关注财务结果逐步进化到同时关注驱动财务结果的非财务活动。这种演变趋势反映了对设计绩效评价指标体系的要求。首先，系统化要求业绩评价系统不仅要是一个具有明晰目的的综合整体，还应与其所存在的组织背景相适应。其次，进行系统分析，分析各组成要素之间潜在的相关性。最后，采用系统管理方式，从整体效果最优的观点出发设计业绩评价系统，强调各组成要素之间的相互关系和相互协调。总之，在设计业绩评价系统时，不仅要注意系统要素的完整性，而且要注意要素之间的关联性。

应该说，这三个发展逻辑很好地概括了绩效评价系统的特点及发展趋势。可以确定的是，随着企业所处环境的日益复杂化，随着企业管理理论和实践的进一步发展，企业绩效评价系统还会有相应的变化和发展。

2.绩效评价的模式

按照主要评价指标的不同，可以将绩效评价系统划分为三种模式，即财务模式、价值模式和平衡模式。

（1）财务模式。财务模式产生于20世纪初的生产管理阶段，当时巨大的市场空间使规模经济成为企业的主要追求，企业的目标主要是通过提高生产效率来追求利润最大化。由于不断地通过外部融资扩大生产规模，所以庞大的投资使企业最关心并评价以投资报酬率为核心的财务指标。因此，财务模式中所使用的绩效指标主要是从会计报表中直接获取数据或根据其中的数据计算的有关财务比率。这些数据的获取严格遵循会计准则，最大限度地减少数据的人为调整，具有较高的可比性。但是，由于会计准则从谨慎的角度反映了外部利益相关者的要求，并且按照历史成本原则进行计量，所以财务模式无法从战略角度反映企业决策的要求，即无法反映财务指标和非财务指标之间的因果关系。另外，在预算执行过程中，如果某个部门的财务指标被修改，会导致企业整体目标分解的逻辑性、系统性的丧失。因而，在现实中，除了预算中的财务指标外，还需要一些非财务指标来判断企业的得失成败。同时，为保证企业目标的实现，企业还需要建立健全投资决策制度、资金管理制度等相关的财务管理制度。

（2）价值模式。财务指标虽然具有操作简便的优点，但也存在被操纵的可能，因而未必能够真实地反映企业的经济现实与未来价值。基于此，价值模式以股东财富最大化为导向，它所使用的评价指标主要是经过调整的财务指标，或根据未来现金流量得到的贴现类指标。价值模式中最有代表性的当属经济增加值。从股东的角度来看，他们最关注自身的财富是否有所增加。股东的财富是否增加可用市场价值增加值（MVA）来表示，其计算公式为：MVA＝市值－总资本。从原理上看，MVA是评价股东财富创造的准确方法，胜过其他任何方法。但是，MVA仅限于从外部对上市公司进行整体评价。在评价公司内部各个局部的绩效方面，MVA是无能为力的。由于MVA自身的缺陷，管理者不得不采用一些与MVA联系紧密的内部绩效评价指标。因此，许多公司将利润类指标（如每股收益、利润额等）作为首选的内部指标，并按其增长给管理者发放奖励。但是，现实中没有可信的证据说明利润决定股东财富，而有大量的相反证据。例如，一些公司为了不断地取悦股东，不惜采取那些能够提高账面利润却毁坏价值的行动，曾发生在美国公司的财务丑闻就是最好的例证。

通过对传统财务指标的调整，美国思腾思特咨询公司建立了经济增加值（EVA）评价指标，并通过大量事实证明了EVA是与MVA相关程度最高的内部绩效评价指标，即EVA作为绩效评价指标优于会计利润指标。EVA是公司经过调整的营业净利润（NOPAT）减去该公司现有资产经济价值的机会成本后的余额，其公式为：

$$EVA = NOPAT - WACC \times NA$$

其中，WACC是企业的加权平均资本成本；NA是公司资产期初的经济价值，是对公司会计账面价值进行调整的结果；NOPAT是根据报告期损益表中的净利润经过一系列调整得到的。在计算EVA的过程中，思腾思特咨询公司站在经济学的角度对财务数据进行了一系列调整（最多可达160多项），这种调整使会计利润更加接近企业的经济现实。企业EVA持续增长意味着公司市场价值的不断增加和股东财富的增长，从而有利于实现股东财富最大化的财务目标。在进行调整时，需要考虑公司的战略、组织结构、业务组合和会计政策，以便在简单和精确之间实现最佳的平衡。

可见，价值模式站在股东的角度来评价企业的绩效，能够有效地将企业战略与日常业务决策及激励机制有机地联系在一起，最终为股东创造财富。但是，也不能忽视其不足的一面。尽管价值模式试图建立一种优于财务模式的绩效评价指标，但它的评价指标主要还是通过对财务数据的调整计算出来的货币量指标。由于对非财务指标的考虑不足，价值模式无法控制企业的日常业务流程。同时，价值模式没有充分考虑企业的其他利益相关者。

（3）平衡模式。相对于财务模式和价值模式，平衡模式最大的突破就是引入非财务指标。但这只是表面，从深层来看，平衡模式以战略目标为导向，通过指标间的各种平衡关系以及战略指标或关键指标的选取来体现企业不同利益相关者的期望，从而实现企业价值最大化的目标。许多研究者认为，非财务指标能够有效地解释企业实际运行结果与预算之间的偏差。例如，市场占有率和产品质量等非财务指标长期以来就被企业用于战略管理，因为它们可以有效地解释企业利润或销售收入的变动。此外，非财务指标能够更清晰地解释企业的战略规划以及对战略实施进行过程控制。非财务指标主要是企业绩效创造的动因指标，它是企业绩效评价体系纵向延伸的结果，强调了操作者在绩效控制体系中的作用，而且非财务指标是操作者最易理解的评价指标。因而，由财务指标与非财务指标组成的评价指标体系就犹如企业的"神经系统"一样：适时地"感触"企业的"健康"状况，精确地"定位"企业的"病灶"，正确地"预示"企业的发展趋势。

需要注意的是，每种绩效评价模式的产生都有深刻的背景，反映着企业管理面对环境挑战而涌现出来的与时俱进的创新精神。需要强调的是，绩效评价模式的划分只是出于理论研究的方便，现实中并不存在完全泾渭分明的绩效评价模式。每种绩效评价模式都有各自的优缺点，不同的绩效评价模式之间不是互斥的关系，它们可以相互补充。一般来讲，每一个企业的绩效评价系统都应该包括若干基本的组成要素。但是，考虑到每个企业所处的行业、竞争环境、限制因素、生命周期等内外环境的不同，企业绩效评价系统的评价目的、评价指标、评价标准都会有所不同。也就是说，绩效评价系统不可能脱离其服务的对象——企业。因此，并不存在适合所有企业的标准绩效评价系统。对于企业集团来说，由于各个成员企业的不同情况和其在企业中的不同定位，企业集团一般也不存在一个对所有成员企业适用的绩效评价体系。

3. 企业集团内部责任中心的划分及其绩效评价

一般来说，大企业特别是那些有多元事业群的企业集团，其组织通常都划分为不同事业单位。这种架构可以让总部管理者了解集团内各事业群（部门）的效率和获利情况，并且有利于其对各单位的管理者明确责任和提供合适的奖励机制。较为流行的方法是自集团公司开始依序向下建立投资中心、利润中心和成本中心，每一中心都有不同程度的决策权，因此会有不同的绩效标准。

一般来说，企业集团母公司或结合其控股的核心子公司构成集团的投资中心，担负着整个集团的战略规划和战略管理。投资中心本身也能通过较低的资源成本创造出一些价值，但大多数投资中心的价值创造是通过业务单位层面实现的，即单个业务单位可以通过投资中心配置的资源在某一具体产业获得比竞争对手更好的绩效。古尔德等提出的检测集团在某个业务单位是否具有优势的三个标准就较好地反映了投资中心这一价值创造过程。

投资中心对集团资金的使用，或者说对投资机会的评估有更多的决策权。它是集团最高层次的责任中心，通常包含几个或更多的利润中心。对投资中心的绩效评估也主要是基于投资报酬率、剩余收益或经济增价值。

利润中心主要有两种类型：事业部和核心企业（旗舰企业）。事业部是代表母公司管理集团中某一行业或某一地区业务的中间机构。在事业部之下，是一些有业务关联的子公司。旗舰公司本身可能是子公司，也可能是一个控股公司，负责集团某一项核心业务的战略规划和管理。旗舰制和事业部制都是企业集团进行战略管理的中间机构，不同之处在于：旗舰子公司是独立承担民事责任的公司法人；而事业部则只是代理母公司进行行业管理的中间机构或一级分公司，本身不具有独立的法人资格。在某种意义上，可以将事业部看成是母公司职能部门的自然延伸。显然，在独立性方面，事业部要逊于旗舰子公司。这种独立性的差异也影响到两者作用的发挥。一般来说，事业部制在贯彻集团战略意图上比较坚决，集团可以方便地转移定价和合理避税，以很好地发挥集团优势；旗舰制在利用当地资源市场和产权交易等方面更具灵活性，从而有利于企业集团的快速成长。实践中，在企业集团内部可能同时存在事业部制和旗舰制。

利润中心一般要负责集团在某个地区、某个行业或某个产品的经营权，有权决定生产投入、产品组合和销售价格。对利润中心的绩效评价，一般是根据其真正的会计利润而定。但在计算各个责任中心的利润时需要注意三个影响因素：一是事业单位间的产品和服务价格如何转移；二是集团的那些经常性费用应分配到某些特定事业单位；三是上述费用如何在相应事业单位间进行分配。显然，对企业集团的高管来说，这是一个容易引发争议的问题。

成本中心负责一定的产出目标，并且根据达成产出目标的效率来进行绩效评价和奖励。成本中心是成本发生单位，一般没有收入，因此，只对其责任区域内发生的成本负责。成本中心可以分为标准成本中心和费用中心。前者是指那些有明确、具体的产品，并且对生产产品所需各种要素的投入量能够合理预计的成本中心，如集团下属工厂、工厂车间、班组等；后者是指那些产出结果无法有效计量，投入产出间没有密切联系的成本中心，如集团人力资源部等服务部门。

对成本中心的绩效评估主要是基于其生产效率：将既定产出的成本最小化或将既定成本预算下的成果最大化。

由于集团内的事业单位常常提供产品或服务给另一个单位，这就导致了如何确定合适的转移价格的问题。转移价格是集团总部面对的最棘手的问题之一：它不仅会影响集团内各业务单位的利润水平，而且影响各个事业单位的经营决策，进而影响集团的整体获利。事业单位经理依据他们所面对的转移价格来决定如何投资、采购和生产。如果转移价格不能准确地反映资源的价值，就可能诱导经理做出不当的决策。对跨国公司来说，转移价格的制定还容易受到税率的影响。总部在制定转移价格时，总是尽可能把大部分利润划拨给国家税率较低的事业单位。

一项产品或服务的最理想的转移价格就是其机会成本。然而，由于集团总部很难获得准确计算机会成本所需的各种信息，导致决定合适的转移价格成为一件非常困难的事，经理人一般会借用各种近似值。市场基础转移价格、边际成本转移价格、总成本转移价格和协商转移价格是四种常见的转移价格。

市场基础转移价格是最受推崇的转移价格，问题是大多数中间产品本身缺乏外部市价作为参考，并且在很多情况下，市价并不能很好地反映企业自己生产的机会成本。边际成本代表着生产最终产品所消耗的资源的价值，但其划分的相对性以及随数量改变而发生变动的可能性，也使边际成本在应用中面临一些难题，对固定成本的忽视也不利于企业长期的生产经营。总成本因其简单、客观的属性而成为企业制定内部转移价格的一种常见的选择，但通常会高估企业在内部多生产和转移一件产品时的机会成本。内部转移价格也可以通过相关部间的协商而取得。协商的方法可能产生最接近机会成本的转移价格，但也容易引起部门间的冲突，并且协商过程往往要耗费一定的资源。

（二）企业集团对子公司经营者的激励

1. 绩效评价和激励的连接

对责任单位的绩效评价有两个目的：一是为部门或员工提供一些反馈意见，以帮助他们提高或明确改进重点；二是作为奖惩的依据。绩效评估和激励机制一般是紧密相关的，因此，评估提供的激励诱因在很大程度上影响着人们的行为。正如人们常说的那样，"员工会做你所考核的事情"。这种与绩效相关的激励有两个优点：一是通过奖励和产出的直接联系能产生强大动力，二是能节省监控和监督雇员活动的昂贵的管理成本支出。显然，和奖惩挂钩的绩效也可能带来一些问题，如诱发员工的自我美化行为，甚至会导致损害公司价值的行为。此外，在很多情况下，员工的生产力会受到许多非个人所能控制的因素的影响，或者是员工的产出很难明确计量，这就使企业的绩效评价面临很多难题。一方面，有效的奖励机制对员工绩效评估的准确度有很强的依赖；另一方面，绩效评估准确度的提高往往伴随着评估成本的提高。此外，绩效评估还面临视野广度和期限跨度的平衡问题。或许正是绩效评估面临的这些困难使人们越来越重视诸如价值观等非正式机制在企业管理控制中的作用。

2. 激励的方式

（1）薪酬激励。实践证明，薪酬是一个最有效且普遍适用的激励体系。一般而言，一项行之有效的薪酬激励体系需要具备四个特征：对内公正性（根据员工各自工作的价值提供薪酬），对外竞争性（参考市场一般水平提供薪酬），对个人的激励性，易于管理性。需要注意的是，这些要求本身就存在极大的矛盾，如对内公正性和对外竞争性，处于不同环境的集团成员企业显然在绩效上缺乏有效的可比性。这种目标的多元性也使企业的薪酬激励体系在设计时日益重视结合自身具体情况，日益重视以企业整体战略和核心价值观为基础。

企业集团可以结合整体战略、子公司在集团中的地位、子公司所处行业环境等相关内容来设计对某一子公司经营者的薪酬体系。子公司经营者薪酬一般包括基本工资、奖金/分红等，为了更好地体现经营者对经营风险的承担，目前越来越多的企业采用年薪制的形式。年薪制一般包括基本年薪和风险收入两部分，其中的风险收入部分一般是和企业设定的绩效指标直接挂钩。例如采用年薪制的海信在对子公司经理考核时就规定当绩效指标未达到规定要求时（如子公司负债率超过集团规定标准、应收账款超过销售的5%等），子公司经理的年薪就要打折。

（2）股权激励。委托代理理论认为，在经营者的薪酬中，必须含有风险收入，否则所有者的收益不可能达到最大；当经营者的报酬全部是风险收入时（经营者与所有者合二为一），激励机制最优。这一结论意味着，让经营者享有部分剩余收益索取权是一种有效的激励手段。在惠廷顿看来，所有权明确了权力并提供了动力。因此，让子公司经营者享有部分剩余收益控制权是一种有效的激励方法。同时，薪酬激励由于其考核期间的特定性而不利于企业的长期利益。出于以上原因，股权激励逐渐成为一种常见的激励形式，而常见的股权激励方式有以下几种。

第一，股票期权。股票期权是指所有者向经营者提供的在一定期限内按照某一既定价格购买一定数量本公司股份的权利。届时，经营者可以选择是否行使这种权利，行权时股票的市价和约定价格的差额是经营者可能的收益。可见，股票期权是一种把所有者和经营者的长期利益结合起来的激励方式，也是目前被国内外企业普遍采用的一种激励方式。

第二，虚拟（业绩）股票。虚拟股票是为了让经营者享有部分剩余收益索取权而设计的一种激励方式。在这一方式下，经营者可以获得一定量的虚拟股票，但这些股票只有剩余收益索取权而没有剩余收益控制权。经营者可据以享有股票升值收益和分红的权利。

第三，限制性股票。限制性股票一般是直接赠送股票给子公司经营者，但在一定期限内，经营者不得出售这种股票，并且如经营者在规定期限内离开，企业还可以收回其持有的股票。

实践已经证明，股权激励是一种有效的长期激励方式。目前，这一激励方式已在我国企业中得到逐步推广。对于我国企业集团而言，通过母子公司这一组织结构相应缩小企业规模，既有利于股权激励的推广，又有利于实现企业财务资源和智力资源的耦合，因而，也有利于提升企业集团的价值创造能力。同时，股权激励的长期性有利于集团人力资源的内部提拔和培训（这是许多跨国公司常用的人才培养方式），有利于形成集团异质性的战略资源。从子公司经营者的角度来说，集团内部广阔的成长空间本身就是一种有效的激励手段。

第三节　企业信息资源控制

企业信息资源化趋势引起的企业信息安全和企业信息资源保值增值问题，是一个既有对立又实际紧密连接的重大课题，需要相关人员不断地探讨、钻研。阿尔温·托夫勒在《权利的转移》书中的话，"世界已经离开了暴力和金钱控制的时代，而未来世界的魔方将控制在拥有信息强权人的手里，他们会使用手中掌握的网络控制权、信息发布权，利用英语这种强大的文化语言优势，达到暴力金钱无法征服的目的"，以期引起民众对全球企业信息化、智能化带来的安全新域和经济变革趋势给予足够的重视与深思。信息已由间接生产资料的配角走向台前，特别是企业信息资源，对推进企业集团转型升级、社会转型运转会逐渐发挥出独特的作用。

随着"信息消费"的新兴产业喷涌而至，企业集团怎样打造自身产品竞争力、企业集团怎样利用企业信息资源去布局赢利、企业信息资源怎样规避众多的泄露渠道等，这些都使得公众的视野聚集在经济企业信息资源的内容及其价值体现上。正如一个人愿意吃到安全的食物，不仅希望食物的成分达标无害，更希望其所含的营养均衡、口感优质，甚至适合本人体质吸收。那么，面对社会转型中各个领域单位（或人）的需求，企业信息资源安全的内涵定位以及保障机制，已然成为要迫切研究解决的新问题。企业信息资源的安全，不能仅局限在其管控流程或者传播程序的"安全物流员"角色上，更要转向企业信息资源由其本身特性决定的涵盖生命周期全程的"企业信息安全效益"上来。

一、企业信息资源安全的范畴及分类

（一）对企业信息资源安全的概念设定

在理论界，关于"信息资源安全"的概念尚未统一，专门针对该问题的研究也较为少见。其应指关于国家经济利益（宏观）、企业集团商业利得（中观）或者个人财产收益（微观）的资讯，包括文本、语言、程序代码、图案及行为语意等形式，在发布、传播、遴选、存储、交易和消灭的过程中保存完全、渠道独立和价值完整，并能促进受领单位或个人直接掌握信息后获得其时效性和增值性。

与"企业信息安全"定义的最大不同之处在于，企业信息资源安全总是透着利益交织体的明确特性，既要包括企业集团将企业信息资源作为"消费产品"的销售目的和效益心态，也体现了其他企业集团需求或者将企业信息资源作为"生产资料"的工具目的和效率心态。而后文的现状与保障管理模式的深入分析，就蕴含在企业信息资源安全概念的相关环节中。

（二）对企业信息资源安全的分类阐述

因为社会转型带来了企业信息资源多元化的发展和需求，所以不同样式的企业信息资源安全在被选择和保障时，理应先按照不同标准下的分类开列，以促进实务工作人士对企业信息资源安全的深入了解。下面拟从两个角度加以介绍。

1. 从作用范围和受益对象区分

（1）针对国家产业保障类的企业信息资源安全

对于牵涉国家经济主权的事件信息，不仅影响到产业集群的生存发展和战略实施，同时往往与国家政权、国家公民权等交织伴行，所以这类企业信息资源产生规格高、传播渠道有限、承载价值量大，故成为企业信息资源安全中最为重要的领头部分，保障责任重。虽然一般企业集团及民众接触不到这类企业信息资源，但如果对其的安全工作不到位，受到最大伤害的就是广大普通企业集团和民众的产业环境或者市场秩序。应以刑事法律主导这类企业信息资源安全的保障体系，目前从"为境外窃取、刺探、收买、非法提供国家秘密、情报罪""间谍罪""投敌叛变罪"等危害国家安全类罪名，到国企参与国际市场竞争中产生的商业犯罪，都有着关于保护国家重大企业信息资源的相关规定。

（2）针对公共产品和民生服务类的企业信息资源安全

在当今企业信息资源化、全球化的时代，信息对国家和企业集团都具有十分重要的意义。同时，企业信息资源也开始渗透到社会运转和民众生活中，成为政府部门做好民生服务的新沟通媒介。

然而，在缺乏企业信息资源安全的约束机制下，企业信息资源很容易变成个别政府部门或人员的"寻租"手段。例如，2013 年 5 月，浙江省台州市玉环县一处不起眼的公园门面房出租招标，牵出 28 起、涉及 52 人、涉案金额 10.86 亿元的串标、围标连环案。纪检部门发现，当时由于该县招投标中心内部管理松散，一项工程招投标报名结束后，只要出钱，招标代理单位、业主都能拿到原本机密的报名名单。调查中发现，嫌疑人李某某不仅用参与工程投标的企业集团名单、标底等机密信息换取好处费，甚至参与拢标、买标。在这组连环"案中案"中，办案人员不仅揭开了招投标市场出现的种种权钱交易，还牵出一伙靠行业"潜规则"为生的"职业陪标人"。这类发生在招投标部门的案件，可以说是全国该系统的典型样式、层出不穷，令广大老百姓深受其害。应以行政法类法规主导这类企业信息资源安全的保障体系，做好政府内部保密管理工作，再以良好的公信力去引导、管理与社会民生息息相关的企业信息资源。

（3）针对企业集团利益类的企业信息资源安全

这是企业信息资源在中观层面对目前我国企业集团发展的最广泛的影响所在。不论是企业集团内部的战略导向，还是企业集团外部的品牌建立，都离不开企业信息资源安全所给予的"企业集团秘密管道"。再者，对于以"信息消费"产业为生的企业集团，企业信息资源更是其技术变革、产品创新的载体，那么企业信息资源安全水准如何，就成了企业集团不可替代的核心竞争力。应以经济法类法规、商事法规主导这类企业信息资源安全的保障体系，以《中华人民共和国反不正当竞争法》和《中环人民共和国反垄断法》等相关规定为明显的表现形式。

（4）针对个人财产类的企业信息资源安全

最近官方媒体报道，手机木马中基于安卓平台的占比超过 97%，资费消耗、隐私窃取以及恶意扣费成为手机恶意软件的三大主要危害。按此，每天习惯于手机刷微博、网上购物的民众，已经成为受到经济类信息侵害、遭受经济利益损失的高危人群。不难发现，数年前，上班族常常接收到垃圾邮件，不太牵涉收费栏目，是被动的；而今天，随着三星、苹果等智能手机的普及，泛滥的精准广告大多以短消息、微信的形式发到手机上，以及收费 APP 小游戏和网上银行的时尚流行，需要媒介持有人点击链接或者参与游戏活动，这样就主动地暴露了企业信息资源的安全隐患。应以民事法律（以隐私权保护、侵权责任等为要点）主导这类企业信息资源安全的保障体系。

2. 从呈现形式区分

（1）固化状态的企业信息资源之安全

根据实务，认为固化状态的企业信息资源是能够或者需要由物质媒介呈现，以计算机代码存盘、知识产权证书、商业秘密文件、要约文书、交易合同、专用系统邮件、受控流转文件等为常态载体，以及本身作为"信息消费"不同环节的产品结体。这在安全保障层面，其来源和受众可控，有一定的传播程序或环节，便于管理和保存。

（2）非固化状态的企业信息资源之安全

与前述相对应，非固化状态的企业信息资源则不需要或者不能由常态的物质媒介呈现，受众不特定，传播渠道不固定，难以管控和评价。其安全保障的工作程序不确定，投入成本高，但往往收效不明显。这类以"大众点评""陌陌"等APP软件和微博营销为代表，成为民众掌握企业信息资源的"意见输出口"，即时发表看法和展现已定事实状态，趋于良性。此外，也有直接或者间接地影响到企业信息资源的恶性事件，如普遍认知的垃圾信息、网络病毒、恶意程序、网络谣言等，这就是要加强企业信息资源安全的原因。

二、对企业信息资源安全的管控理论及趋势简析

企业信息资源发布和传播的安全，体现"信息高速"的效益回报；企业信息资源内容和管理的安全，体现"信息定位"的效益回报；企业信息资源交易的安全，体现"信息增值"的效益回报；企业信息资源生命周期的安全，正确对待"信息失效"的合理性，并给予新企业信息资源的空间回报等，是有推动远景的。对企业信息资源安全的认识或者评价，能逐步转向安全的"信息效益"本质上来，才能符合社会转型发展的特性。

1. 企业信息资源的"资源化"产生其安全基础的利益性

信息经济学和产权经济学都是现代西方经济学的主要分支，对"企业信息资源化"的产权基础理论也有了较为成熟的研究体系。在市场经济条件下，信息已被普遍看作一项资源，其应包括"硬件"（即信息本身的内容、文字或代码、资讯等不可分离部分）和"软件"（即信息存储、传播、对价等应用环节所依托的渠道、载体、评估方法等可分离部分）。而企业信息资源，更是对经济活动具有巨大的促进作用，成为现代经济发展不可或缺的一个链接元素。信息软、硬件上的各环节，都成为企业信息资源自身获利或者辅助外部营利的部分，以及产生安全性和对价性的内在需求。信息一般由语言、传递、物质载体、反馈和用户特定需要五大要素组成，而企业信息资源在此基础上又具备增值、预测、决策、管理等几项特定的功能特性。所以，政府对企业信息资源安全的重心或者政策，应该逐渐落在经济企业信息资源的价值安全因素上，顺应"信息消费"产业转型趋势，将信息"软、硬件"纳入不同产业环节的保障或管理中。

2. 企业信息资源的"战略化"产生其安全作用的紧要性

有调查显示，我国有70%的国有企业集团承认出现过泄密现象，而在私营企业集团中的情况更加严峻。因此，在"商机即战绩"的当今市场，建立企业信息资源安全的紧密性、迫切性，将其提高到战略地位是十分必要的。不少大型跨国公司都设置CTO（首席信息官）的高管职位，权限仅次于CEO（首席执行官），并且设立了发展规划部、市场行情分析中心、市场战略部等相关配套部门。

再者，建立企业集团品牌，其最主要的就是民众、供应商对企业集团的知名度、美誉度和认知度，这些都要与企业信息资源紧密结合。例如广药集团与加多宝集团在"王老吉凉茶"的名称、商标、广告语、产品装潢设计等归属权上，斗争得趋于白热化，全国消费者都很关注，但是每一次加多宝都能够抢占先机，将每一阶段的焦点化作利于自身的企业信息资源（广告语、报刊说明、传承人发布会证明等），反而越来越畅销，让消费者从多角度接受了其品牌营销策略。从这个层面看，有效保障企业信息资源安全，并且运用好，也是化解危机公关事件的重要武器。

3. 企业信息资源的"海量化"产生其安全体系的难度性

近年来随着移动互联网、大数据、云计算、物联网的加速发展，我国企业信息资源跨越的领域及其数量也呈几何倍数增长。据国家工信部统计，手机网民规模已超过 7 亿。即时通信类网络应用仍然保持高速发展的态势，休闲娱乐类应用稳步增长，社交应用发展迅猛。移动支付、位置服务等基于移动互联网、物联网、云计算的新应用、新产业、新服务正在不断涌现，互联网所输送的企业信息资源已经深入人们生活的方方面面，正在全方面满足消费者的需求。

这让企业信息资源的数量每时每刻都在呈现"海量化"的态势，加大了企业集团在运营中的甄选难度。对信息的数量取舍、信息的估值判断，或者是企业信息资源安全的时空连续程序，提出很大的技术要求。如何将企业信息资源的传递、告知、保存的辅助功能，与其增值、授权、继承的交易参与性运营功能有机结合起来，这将是留给后来的信息产业新锐的问题。

三、企业信息资源的法制保障现状及管控难点

我国企业信息资源安全保护在近些年已经取得了巨大的进步和成就。但是由于技术的不成熟，相关制度建设的不健全，尚存在诸多问题和漏洞，现状并不乐观。国内对企业信息资源安全的法律保护始于 20 世纪 90 年代。1997 年《中华人民共和国刑法》首次界定了计算机犯罪，主要条款集中在第二百八十五条、第二百八十六条和第二百八十七条，规定了非法侵入计算机信息系统罪、破坏计算机信息系统罪和利用计算机实施金融犯罪等。1998 年《中华人民共和国合同法》增加了关于网络电子合同的规范内容。值得注意的是，2005 年实施的《中华人民共和国电子签名法》标志着我国首部"真正意义上的信息化法律"的诞生。此外，我国还有一些对企业信息资源安全进行保护和规制的行政法规，例如《中华人民共和国计算机信息系统安全保护条例》《商用密码管理条例》《中华人民共和国电信条例》《互联网信息服务管理办法》《中华人民共和国计算机信息网络国际联网管理暂行规定》等。同时，国务院网信办、工信部、公安部等部门也出台相应的企业信息资源安全规章制度，一些省、市、地方政府也会颁布相应的地方性法规，迈出了可喜的一步。此外，国资委 2010 年 3 月出台《中央企业商业秘密保护暂行规定》，这是中国第一部关于

商业秘密保护的部门规章。国资委有关负责人表示，该文件为中央企业集团商业秘密保护提供了重要法律依据，将极大地推动中央企业集团加强商业秘密保护工作，确保企业集团核心经营信息和技术信息的安全，为国有资产保值、增值发挥重要保障作用。

（一）政府和产业管理的现状

因为没有高级别的法律约束，政府部门管理往往出现对"管理真空地带"的不作为，而对有明显经济利益的信息事件进行"多头管理"，降低了行政管理的效率和力度。在欠缺政府部门明确的法律管理下，除部分企业集团，大多数中小型民营企业集团对企业信息资源安全的保障意识以及管理，抱着"亡羊补牢""有心无力""拿来主义""守株待兔"等心态，往往企业集团负责人不重视，岗位人员不专业，导致企业集团长期处于企业信息资源的临危状态或者信息价值的损耗状态。

（二）对企业信息资源法制保障不足的分析

企业信息资源安全的本质是一种可以预见的利益期待，应该是法律对之提供保护、规范和引导的价值所在。法律保障企业信息资源安全，就是要维护企业信息资源的保密性和可控性。但是，从我国目前的立法来看，尚存在较多的安全保护的漏洞和缺失。

首先，立法上我国缺乏系统、完整的法律保护体系。绝大多数法律规范集中在部门规章和地方性法规和规章，法律效力层级较低，适用范围有限，不能作为法院裁判的依据，尤其是地方性法规具有较强的地域性，效力范围仅限于本地区，直接影响了这些措施的效果。法律体系的混乱势必造成资源的浪费，同时缺乏上位法的整体规制，缺乏各部门规章的合理分工，以至于对某些企业信息资源安全的违法行为出现难以规制或者重复规制的法律漏洞。

其次，从保护内容上看，我国对企业信息资源的保密规定不够细致。例如，现行《中华人民共和国保守国家秘密法》对于国家秘密的范围以及分级保护有相关规定，但内容针对传统的国家安全，至于其他信息资源安全仅有"国民经济和社会发展中的秘密事项"的原则性规定，对经济秘密的划定、保密范围和措施等缺乏相应条款，对于跨国公司或者境外利益集团等窃取我国经济政策、产业关键数据等行为也缺乏法律上的界定，以至于要追究法律责任却没有相应法律条款可适用的情况屡屡发生。因此，由于现行法律法规对企业信息资源的保密程度和范围并没有一个较为清晰和可预见的定义，导致企业信息资源的保密性处于不稳定的状态。

再次，我国法律对企业信息资源安全的保护规定不够全面。企业信息资源的安全包括信息的生成安全、存储安全和传播安全，其中牵涉到很多技术上的安全保障措施。但是，就目前的法律法规而言，对企业信息资源生成安全的保护力度还有所欠缺。

最后，我国企业信息资源安全方面的法律法规结构与国际并没有接轨。企业信息资源安全问题已经伴随着全球经济一体化的进程而成了一个世界性的问题，如果不及时制定相关的配套规范，将会阻碍我国企业信息资源安全保护的顺利进行。例如，目前我国一些监管方式并不符合欧美法规或者国际商事规则，很容易在国际上引起争议。

四、对企业信息资源的安全控制及管理建议

（一）修订相关法律，增加关于企业信息资源安全保护的专门条款

对企业信息资源的保密性应提供较为明确的保护界定范围，从而强化保密意识，包括商业秘密、技术秘密、著作权和相关知识产权等，在相应的《中华人民共和国反不正当竞争法》《中华人民共和国技术合同法》《中华人民共和国著作权法》等法律规范中采取列举的方式指出明确的保护范围。此外，针对涉及国家的企业信息资源安全，应在《中华人民共和国国家安全法》《中华人民共和国保守国家秘密法》和银行的相关法律法规中做出同样的规定。同时，明确违法行为的法律责任，体现法律的可预见性。

此外，要从刑法上加强对企业信息资源安全犯罪的打击力度。计算机和网络的快速发展，已经严重威胁企业信息资源安全。最高人民法院、最高人民检察院等先后颁布了《关于办理危害计算机信息系统安全刑事案件应用法律若干问题的解释》（2011年）、《关于办理网络犯罪案件适用刑事诉讼程序若干问题的意见》（2015年）等司法解释，属于互联网犯罪"沾边就管"的全链维权体系。但针对窃取计算机信息系统中不属于商业秘密或国家秘密但是具有重大价值，尤其是经济价值的数据和资料也应当被规制和惩罚。诚如"只有使犯罪和刑罚衔接紧凑，才能指望相连的刑罚要领使那些粗俗的头脑从诱惑他们的、有利可图的犯罪图景中立即猛醒过来"。同时，严格落实刑事诉讼法及其最高院司法解释中关于计算机犯罪的规定，包括计算机系统所在地、信息程序接收地等在内全部纳入，表明刑事法律对这类信息犯罪的打击力度和广度。

在企业信息资源安全的法律保障上，加强国内立法保护是一方面，同时应该与国际立法相衔接。因为在经济全球化的今天，企业信息资源的传播早已经超越了国界限制，如跨国窃取商业秘密、国外间谍、商业贿赂的事件屡有发生。此类事件已经严重影响国内企业集团甚至整个国家的企业信息资源安全。如何对这些现象进行法律规制，而采取法律制裁极有可能适用国外相关法律。为了更好地维护我国个人、企业集团和国家利益，吸收借鉴国际先进的企业信息资源安全法律保障的经验也是今后的发展趋势。

目前，国际组织就企业信息资源安全已经制定了一些国际公约，而且世界发达国家也已制定较为系统的企业信息资源安全法律法规。我国在制定法律规则时，应当充分考虑与现有的国际规则的兼容并包，包括在立法思想、方式方法和具体法律规定等各个方面，积极主动地参与国际规则的创设，以维护我国的实际利益。

（二）对企业信息资源的管控工作制定评估指标体系和预警机制

采取政府统一监管、控制模式、行业协会自治互控模式、企业信息资源以商业秘密保

护为基础的产权市场交易模式、企业信息资源安全的风险评估预警机制等。同时，参考国际集团在战略层面设立的"首席信息官"（CIO）的成功经验，政府部门或者国内大中型企业也可以考虑培育一些有影响力与口碑的社会企业集团和第三方机构。为营造安全、生态的企业信息资源产业链，可以研究建立企业信息资源评估等级指标体系，或者政府指导发布本行业的企业信息资源工作指南。

（三）发挥行业协会积极作用，力主克服行业内"企业信息资源不安全"难题

由于企业信息资源具有较强的技术性，因此在其安全管理的技术创新上也应当做较高的要求。首先要自主研发网络安全防卫技术，如各种加密软件、身份认证体系防火墙技术等。其次是开发自主、安全的电脑芯片和操作系统。可由行业协会牵头，强化对企业信息资源安全的技术管理和创新。其关键在于对企业信息资源的外部侵权和内部损耗的关注，即克服"企业信息资源不安全"难题。

研究企业信息资源安全管控，不能规避信息的外部侵权和内部损耗这两方面事件的存在，更应明确"不安全"的表现及后果，才能使得安全性的研究愈加有意义与有目标。这项工作建议由行业协会或者行业内龙头企业集团以身作则，使其充分意识到企业信息资源安全对全行业生命力的战略影响，既要领衔做好企业信息资源安全的保障工作，也要力主改善"企业信息资源不安全"现象带来的行业不良氛围。

1. 防止出现"企业信息资源失控"现象

企业信息资源本身具有虚拟化和广泛化的传播特质，所以在企业信息安全上，往往很难对信息本身进行保障，而大多针对其载体或者渠道。竞争对手或者民众获得信息的途径和技术手段较多，甚至载体自身的破损等，都容易引起企业信息资源的迅速传播，增加安全维权成本。

2. 防止出现"企业信息资源失真"现象

假冒信息或者使用淘汰信息，会导致企业真实信息资源或者市场利益受损，产生"劣币驱逐良币"的不良后果。例如上市公司公布虚假信息损害了广大股民和中小股东的合法利益，而企业集团捏造不实信息污蔑竞争对手就丧失了品牌的美誉度以及对消费者的忠诚度。这在反不正当竞争法和公司法中，我国给予了较明确的规定和对信息受众的保护。并且，企业信息资源失真不是单一呈现的，很多领域交织在一起，所以往往造成较严重的后果。

3. 防止出现"企业信息资源失灵"现象

不论是出现"市场失灵"，还是出现"政府失灵"，都少不了众多企业信息资源的身影。企业信息资源也可能存在失灵、变异现象，而"企业信息资源失灵"往往是引发重大事件的前提或者重要诱因。例如，日本地震引起核电站的大量辐射外泄，一时兴起"漂洋过海到门口、家家买盐抗辐射"的信息群，防辐射产品脱销，就是连盐这类无关产品也出

现万人抢购的盛况，而政府的信息公布显得苍白无力。

4.防止出现"企业信息资源失衡"现象

信息不完全、信息不对称和信息过剩三种普遍经济现象，构成了"企业信息资源失衡"。这点不仅体现在企业信息资源自身的物理安全上，更在于影响了其自身或者对方的利益，而造成企业信息资源的价值安全之非预期的变位或者非理想的幅度倾斜。"失衡"不仅由信息和市场的利益预期引导，还由后果承担不客观、不平衡而增加了信息发布方或受益方的抗罚"免疫"所致。

（四）企业信息资源安全管理体系的转型

1.以生产或者消费企业信息资源为主要载体的企业集团

软件网络类、计算机硬件类、金融投资资讯类、行纪、居间、代理、公关类、新闻媒体类等，这几类企业集团都是直接以企业信息资源为主要生产资料或者产品载体，即处在"信息消费"新产业的中坚力量位置。一方面要加大技术创新投入，生产技术含量高或者附加值高的企业信息资源产品，保持自身在行业内的位置；另一方面，要将"企业信息资源化"的产权思路充分发挥，争取在"固化状态的企业信息资源"形式以及运用机理上，有所突破。

2.以企业信息资源为生产辅助资料的其他企业集团

这一类是间接从企业信息资源本身获利的企业集团，加强对涉密相关人员的监管力度。参照专利管理办法，建立与完善企业集团的情报防火墙。相关部门以及协会对企业集团高层应加强保密教育，落实保密制度，科学规范定密，确定涉密人员。同时，应将商业秘密专有技术开发合同、保密协议、竞业禁止协议、侵权调查、尽职调查等统一纳入企业集团的企业信息资源安全保障体系中，施行总公司垂直管理，对子（分）公司、事业部内核心信息载体（或成员）进行直线性管控。此外，对关系国计民生的重点国有企业集团实行国有资产保值增值与经济安全保密双责任制监督考核和奖惩任免等措施；而民营企业集团，也可以设置专人专岗，尝试推行安全保障体系的效益增长和问责制度。

第四节　大数据时代企业财务内部控制

财务内部控制作为企业运营管理工作的关键环节是影响企业生产管理以及下一步业务拓展转型的重要因素。在大数据时代，企业的财务管理方式发生了转变，面对不断激增的全球数据量，各企业要想在大数据环境下从海量的数据中探寻有价值的数据，就必须对这些海量的数据进行全面而科学的分析，翔实的处理，这也从另一层面充分彰显出企业财务内部控制的重要职能作用。

一、完善大数据时代企业财务内部控制的必要性

（一）进一步完善财务内部控制体系是企业财务工作的复杂

性要求。进一步完善企业的规范化管理以及提升综合服务效率需要建设标准化内部控制机制和完善的财务内控体系。因此，由于企业财务繁杂性带来的问题以及潜在的风险可以通过完善的财务内控体系和内控标准化建设来解决。

（二）优化企业财务内部控制体系是提升其综合水平的关键

举措。通过优化企业的会计内部控制体系可以合理控制不同职能部门的经济活动，从而实现规避出现不规范操作、浪费资源以及财务不规范等现象，能够进一步提升企业在经济新形势下的整体水平。

二、大数据时代企业财务内控存在的问题

（一）管理意识淡薄

随着全球信息技术的飞速发展，当我们进入信息时代的时候，来自不同层面的各种数据对企业的发展起着极为重要的促进意义。但是在实际经营过程中，很多企业并未充分意识到财务管理信息化的重要性，更未意识到大数据时代为财务发展带来的便利条件。例如：很多企业的管理者并未真正意识到海量数据信息中筛选出来的数据对企业财务管理的重要性、对企业全面发展的重要性；传统的财务电算化已经无法满足企业在急速发展的大数据时代的要求，各种财务管理问题逐渐凸显出来；很多企业并不重视财务管理的发展，也并未结合企业的实际情况制定相对完善的财务管理制度；不能很好地把控企业的资产，企业资金浪费现象严重。

（二）内部控制管理制度不健全

在当前企业财务内部控制管理过程中，完善的有效的管理制度还未建立，严重影响和妨碍了内部控制工作的推进。企业在推进内部控制工作的过程中，由于相关内部控制工作人员在没有具体的规章制度遵循，导致出现的问题并不能够得到合理有效的解决，企业财务内控水平的提升直接受到影响。由此可见，企业财务内控管理机制作为保障企业规范运转以及规避财务风险的关键，财务内部控制管理机制不健全将直接导致企业的有效运转。

（三）财务管理模式不完善

我国经济的发展带动了各行各业的快速发展，很多企业纷纷成立，使得企业之间、行业之间竞争越来越激烈。而提升企业核心竞争力是企业在激烈的市场竞争中谋求发展的一条途径，这就要求企业必须从财务内部控制着手，构建完善的财务管理模式。但是在大数

据时代，由于很多企业对财务管理模式认识不到位，很多企业财务管理模式缺乏完善性。

三、优化企业会计内部控制体系的有效路径

（一）树立正确的财务管理意识

在大数据时代，各企业要想充分利用大数据技术全面的财务管理水平首先要拥有的是大数据意识、充分了解大数据的相关内容，将大数据这一项先进科学技术充分应用到企业日常财务管理中。思想认识上的转变，才能帮助企业充分利用大数据技术，另外，作为企业的管理者还应该通过不断学习、不断实践、不断总结、不断宣传大数据的重要性，让企业的每一名员工都认识到大数据在财务管理中的重要作用。

（二）建立健全的财务管理体系

要想在大数据时代全面提升企业财务管理水平，要求企业必须建立健全财务管理体系，对企业财务管理模式进行不断创新和完善。目前企业传统的财务管理模式根本无法满足在大数据时代对企业发展提出的要求，陈旧的财务管理模式和财务管理体系阻碍着企业财务管理水平的全面提升。企业应结合实际情况和行业特征建立全新的财务管理体系，并针对新的财务运行机制建立完善的财务管理制度，以此来规范财务管理人员的行为，使企业的每项经济业务都能够在制度的约束下有效进行。

（三）加大对信息化普及和行业融合过程

在大数据时代信息技术被广泛应用，在信息化的支持下企业实现了财务共享服务模式，这也是会计行业的一大变革。因此，这就要求企业必须加大对信息化的普及力度，不仅要保证会计信息的安全性，还应该将财务职能与管理职能融合在一起，高度重视对管理会计人才的培养，构建完善的财务共享服务体系。企业还应该加强与高效的合作，积极研究和探讨会计领域方面的学术问题。企业应当高度重视对信息化平台的建设，提高硬件设备的性能，并以此为基础为企业发展构建一个庞大的数据库系统，并根据企业财务内部控制和管理的需要，为企业开发一些有利于数据分析的财务软件，从而全面提高数据综合平台数据信息的搜索能力，实现平台系统财务信息管理的智能化发展。

四、加强企业财务内部控制的方法和建议

1. 建设企业内部控制环境

为了给企业的财务内部控制创造环境，企业需要建立良好的财务风险管理理念，并明确企业的战略目标，尤其在企业内部治理管理层，要对当前经济全球化背景下企业的经营风险进行有效的评估。通过使用有效的风险评估工具，可以把企业所处环境分析的更为透彻，从而提升企业的风险防范能力。

建议：使用现代化的企业管理方法，构建企业内部治理制度，尤其是董事会建设要更加完善，并且提升董事会在企业经营和决策当中的话语权，有效监督企业的高层领导，减少因为管理过于集中所导致的决策主观和随意。最后企业需要自上而下的明确自身的战略目标，分析自身的市场定位，并根据目标和定位开展财务内控工作。

2. 加强财务数据信息收集和控制

大数据最显著的优势之一是它能够聚合人们的信息，来寻找共同点。在企业执行财务内部控制制度时，如果无法及时、准确、完整地收集到与经营管理相关的各种信息，建立良好的信息收集与沟通系统，那么企业内控制度的效果将无法实现，企业的经营管理活动也难以顺利进行。相关的数据表明，在多数的企业内部中，对于建立好的内控制度本身是没有大的问题的，但是却在实际的工作中产生了偏离预期的后果。这源于企业没有及时地收集到准确的信息，也没有效地建立高质量企业信息系统，没有发现漏洞和难题并进行及时有效的分析和控制。因此，需要专业人员遵守执行相关内部控制制度的原则，并且要真实，不能流行于形式，只做表面功夫。

建议：为了及时掌握企业营运状况，提高财务内部控制效果，必须建立良好的信息收集与沟通系统。这是提升企业财务内控效果最有效的方法，而且也有着操作简单、成本低的优势。随着大数据的信息构建，企业可以引入信息技术管理，借助大数据信息技术控制提升企业的财务内部控制水平。同时，企业还要提高收集准确信息的能力，降低信息成本、提高经营效率。通过大数据监督企业内部的各项活动，保证他们都能够遵照预算开展。对于预算控制的执行情况，企业内部需要进行定期分析，及时发现执行过程中的问题，优化企业预算控制方法，并及时解决问题。基于大数据思维，企业以数据为核心构建管理方式，管理层依赖于大数据进行决策，财务人员的职责分工可能不再以核算为依据，而是以数据和信息收集处理作为依据，财务会计将向管理型会计转变。

3. 完善财务内控风险管理体系

随着信息化技术的发展，企业内部控制应在全面、及时地收集到财务信息的基础上，建立完善高质量的企业财务内控风险管理体系。提高财务人员的信息分析能力，为管理者做出正确的决策提供保证。通过实行审计人员责、权、利相结合，调动企业审计人员的工作积极性，充分发挥企业财务内部控制应有的作用，建立企业科学可行的财务内部控制衡量标准，将企业内控制度审计制度化，减少主观性和随意性，严格执行内控制度，完善和健全相关制度漏洞，纠正可能存在的内部控制失效问题，降低企业的财务风险。

建议：为提升企业财务风险管理水平，对风险进行有效的规避和控制。企业必须成立专门的风险管理部门，并引进高水平的风险管理人才，为企业有效开展风险管理工作打下基础。

在此基础上，企业还要对财务风险进行动态评估，通过分析风险可能给企业带来的损失程度，给企业的风险管理提供数据帮助。如果发现企业财务情况恶化，要及时进行相关的风险评估，并及时做出反应。企业要根据自身的情况，充分考虑风险管理的成本，合理制定风险应对策略，从而保证企业有能力执行风险应对措施。

大数据信息化的构建，对企业的财务管理工作提出了更高要求。为了提升企业的风险防范能力，企业需要认识到财务内部控制的重要性，建立有效的财务内部控制体系和机制，及时发现企业当前所面临的财务内控问题，完善企业风险管理体系。通过构建安全的企业内部控制环境、加强企业预算控制、建立财务内部控制的效率能够获得有效提升，让企业能够在激烈的竞争中稳定发展。

参考文献

[1] 陈翔鸥. 网络财务理论与技术 [M]. 上海：立信会计出版社，2005.

[2] 姬潮心，王媛. 大数据时代下的企业财务管理研究 [M]. 北京：中国水利水电出版社，2018.

[3] 龙敏. 财务管理信息化研究 [M]. 长春：吉林大学出版社，2016.

[4] 卢雁影. 财务分析实验教程 [M]. 武汉：武汉大学出版社，2008.

[5] 莫玲娜等. 知识经济与现代企业管理创新 [M]. 成都：电子科技大学出版社，2015.

[6] 潘栋梁，于新茹. 大数据时代下的财务管理分析 [M]. 长春：东北师范大学出版社，2017.

[7] 上海市财政局. 管理会计的上海实践 [M]. 上海：上海财经大学出版社，2016.

[8] 孙晓琳. 财务危机动态预警模型研究 [M]. 上海：上海交通大学出版社，2011.

[9] 田江. 供应链管理基础与实践 [M]. 成都：电子科技大学出版社，2006.

[10] 王小沐，高玲. 大数据时代我国企业的财务管理发展与变革 [M]. 长春：东北师范大学出版社，2017.

[11] 徐涛，张报，曹正松. Excel 会计、出纳日常工作与财务数据处理 [M]. 北京：兵器工业出版社，2013.

[12] 徐颖. 大数据与企业财务管理信息化建设研究 [M]. 长春：东北师范大学出版社，2019.

[13] 姚树中. 大企业财务竞争力研究 [M]. 北京：经济管理出版社，2012.

[14] 张齐. 大数据财务管理 [M]. 北京：人民邮电出版社，2016.

[15] 郑晓薇. 高校财务预警 基于现金流量的研究 [M]. 北京：企业管理出版社，2013.

[16] 周苏，孙曙迎，王文. 大数据时代供应链物流管理 [M]. 北京：中国铁道出版社，2017.

[17] 周苏，王文. 大数据及其可视化 [M]. 北京：中国铁道出版社，2016.

[18] 邓艳丽. 关于大数据背景下财务数据分析管理的思考 [J]. 科学与信息化，2019（9）.

[19] 黄丽，黄天齐. 大数据下财务管理的挑战与创新思维 [J]. 企业管理，2018（1）.

[20] 基于大数据的财务管理发展策略探讨 [J]. 大众投资指南，2019（7）.

[21] 刘俊. 大数据时代的企业财务管理研究 [J]. 大众投资指南，2019（9）.

[22] 师瑶. 大数据的企业财务管理创新探微 [J]. 大陆桥视野，2017（14）.

[23] 宋彪 . 基于大数据的企业财务预警理论与方法研究 [D]. 中央财经大学，2015.

[24] 万家盛 . 大数据时代基于财务共享服务的 A 集团资金管理 [D]. 重庆理工大学，2017.

[25] 王晓艺 . 基于大数据的财务管理转型 [J]. 中国国际财经（中英文），2017（19）.

[26] 王晓英 . 大数据时代下的财务管理创新 [J]. 财会学习，2019（23）.

[27] 伍继莉 . 大数据下企业财务管理分析 [J]. 财会学习，2017（7）.

[28] 赵丹阳 . 大数据时代电子商务企业财务风险管理研究 [D]. 北京印刷学院，2019.